健康中国 · 中小学健康促进行动

青少年健康教育读本

王韬　谈军　主编

上海科学技术文献出版社
Shanghai Scientific and Technological Literature Press

图书在版编目（CIP）数据

青少年健康教育读本 / 王韬，谈军主编．—上海：上海科学技术文献出版社，2019
ISBN 978-7-5439-7979-6

Ⅰ．① 青… Ⅱ．①王…②谈… Ⅲ．①青少年教育—健康教育 Ⅳ．① G479

中国版本图书馆 CIP 数据核字 (2019) 第 171221 号

责任编辑：王　珺
封面设计：樱　桃

青少年健康教育读本
QINGSHAONIAN JIANKANG JIAOYU DUBEN
王韬　谈军　主编
出版发行：上海科学技术文献出版社
地　　址：上海市长乐路 746 号
邮政编码：200040
经　　销：全国新华书店
印　　刷：昆山市亭林印刷有限责任公司
开　　本：720×1000　1/16
印　　张：11.75
字　　数：116 000
版　　次：2019 年 9 月第 1 版　2019 年 9 月第 1 次印刷
书　　号：ISBN 978-7-5439-7979-6
定　　价：68.00 元
http://www.sstlp.com

《青少年健康教育读本》
编委会

前　言

随着社会的文明进步，青少年健康教育的重要意义已经获得了广泛共识。健康教育应该从儿童抓起，探索开设科学有益、形式生动、寓教于乐的健康教育课程，让学生成长为身体、人格、心理全面健康的完整社会人，以及新时代的接班人。

与此同时，当今社会已经进入信息时代，“人人传播，万物皆媒”，大量的谣言和伪科学充斥网络，这也对我们的青少年健康教育工作提出了更高的要求。为此，我们“达医晓护”医学传播智库、上海广播电视台都市频道和上海市徐汇区教育局联合开展了一系列有益的合作与探索。

2018 年 9 月，中华人民共和国国家卫生和健康委员会发布了《中国青少年健康教育核心信息及释义》，提出了养成健康生活方式、注意用眼卫生、保持健康体重、预防感染肺结核、远离烟草危害、防范意外伤害、掌握性健康知识、远离毒品伤害、保持健康心理等九条科学建议，为青少年健康教育工作指明了方向。近日，“健康中国行动（2019-2030 年）”更是将“中小学健康促进行动”纳入十五项专项行动之一。在此契机下，我们开展了卓有成效的“教育 - 医学 - 媒体”三位一体的工作，组织了“小学生健康科普征文”、组建了“星医”健康科普讲师团、创建了“青少年健康教育基地学校”……

这次结集出版的《青少年健康教育读本》是我们前期工作的阶段性成果的总结，相关健康教育知识和活动我们也同步呈现在“达医晓护”网站和“智慧医典”公众号上，并随书奉上二维码，希望通过全媒体手段让我们的健康教育惠及更多的青少年朋友和他们的家长。在此致谢国家卫生健康委宣传司健康促进处的姜雯处长，于百忙之中欣然为本书主审把关。同时，我们也希望以本书为起点，深入探索新时期青少年健康教育的有效途径，让祖国的未来更加茁壮地成长。

健康中国——青少年健康教育在行动。

中国科普作家协会医学科普创作专委会主任委员
“达医晓护”医学传播智库创始人
“智慧医典”健康教育平台创始人

2019–7

序 言

欣闻《青少年健康教育读本》即将出版发行，在此由衷表示祝贺。

国家卫健委于 2018 年 9 月 25 日举行新闻发布会，介绍了我国青少年健康相关工作情况并发布了《中国青少年健康教育核心信息及释义》，提出了养成健康生活方式，注意用眼卫生，保持健康体重，预防感染肺结核，远离烟草危害，防范意外伤害，掌握性健康知识，远离毒品伤害，保持健康心理等九条科学建议，而本书的编写出版和相关实践，正是在此基础上应运而生的。本书对于校园健康教育的实践体现出了诸多创新：

首先是内容新。来自 53 所小学的 877 位同学以“青九条”为蓝本，撰写了自己的健康心得和体会，把生活探究、健康教育、科普写作等素质教育元素相结合，涌现出了一大批新颖、纯真、原生态、接地气的科普作品。本书收录了其中的精品，读来让人耳目一新。

其次是形式新。这本书不仅有学生们的优秀作品，还邀请了医学专家和科普作家对收录文章分别进行“科普点评”和“写作点评”。同时，还有专家们亲自撰写的针对青少年健康教育的科普文章。这种高度互动的健康教育方式是以往罕见的。

再次是组织新。青少年健康教育是全社会关注的话题。以学生征文活动为基础，由“达医晓护”医学传播智库和上海广播电视台都市频道联合发起，已经在徐汇区建成了五所“青少年健康教育基地学校”，创新出“教育 - 医学 - 媒体”三方融合的青少年健康教育的新的组织形式。

孩子是祖国的未来、民族的希望。他们是否能安全健康地成长，关系到广大群众的切身利益、关系到社会的稳定、关系到民族的兴旺和国家的前途。我们期待也相信本书会为我们的孩子的健康成长作出有益的贡献。

上海曲艺家协会副主席

上海电视艺术家协会理事

上海广播电视台东方卫视中心总监助理

2019−7

目 录

专家告诉你——趣说青少年健康教育

小朋友有话说——校园健康征文拾贝

附　录

专家告诉你

——趣说青少年健康教育

拿什么拯救你，我的“牙牙”！

拿什么拯救你，我的“牙牙”！

上海市杨浦区殷行社区卫生服务中心　陈佳杰
上海交通大学附属同仁医院　徐仲卿

《中国青少年健康教育核心信息及释义（2018版）》对应条款：

一、养成健康文明的生活方式，可有效预防绝大多数青少年期健康问题，促进青少年健康成长。

（六）早晚刷牙、饭后漱口，是保持口腔健康、有效预防龋齿的最好方法。建议青少年：

1. 早晨起床后和晚上睡觉前要刷牙，饭后3分钟内漱口。

2. 采用正确的刷牙方法，可清除牙龈边缘和牙缝处的菌斑。每次刷牙不少于2分钟。

3. 减少吃糖的次数，少喝碳酸饮料，可降低发生龋齿的风险。

牙牙是一只小猴，他有点小调皮，也有点小害羞，他还有一口让其他小猴都特别羡慕的大白牙。平时下课，牙牙常常露出他白白的牙齿说：“看！我的牙齿特坚固！石头也没它硬！”

有一次，牙牙又在全班同学面前炫耀了，平时不大说话的小猴悠悠听了有点不服气，就在全班同学面前赌气地说：

“那……那你能把石头咬碎么？肯定不行吧！”

“这……”

牙牙瞬时脸红了，显得很尴尬，但是看到大家都盯着他，只能硬着头皮捡起地上的一块儿小石头，闭上眼睛用力地一口咬了下去，只听到“咔！”的一声响，一颗白花花的碎“石头”蹦了出来——是牙牙的半颗牙齿！

这下同学们都害怕了起来，牙牙看着地上的半颗牙齿，吓得大哭起来，他一边哭一边拿出纸巾准备把掉下来的牙齿包起来。

“别……不可以的！不能包！这样牙齿会死掉，赶紧用水冲一下，放回去，然后快去找老师……”

悠悠也有点紧张，他一个箭步冲上来，拿起牙牙那半颗牙齿，用杯子里的温水冲洗了一下，然后又放回牙牙嘴巴里的断牙上。

还没等牙牙反应过来，悠悠已经拉着牙牙一路小跑到了学校卫生室，同学们在后面紧跟着，生怕再出什么事。

“长颈鹿医生！牙牙的牙齿断了，您快看看！”

悠悠拉着牙牙进了卫生室，着急地对长颈鹿医生喊道。

“怎么了？牙牙你快坐下，张嘴！说：啊——”长颈鹿医生立即拿出工具，仔细地看了看牙牙的断牙，边帮牙牙处理断掉的牙齿边说，“你们可真够淘气的！怎么把牙也给弄断了？不过……你们的处理方法非常正确呢！否则这颗牙齿可能就会‘死’掉了，这是谁教你们的呀？”

“我……都是我不好，说错话了……这个办法是我妈妈教我的，因为……我的牙齿……以前也断过，而且，它死了……”悠悠慢慢地张开了他的嘴，露出了平时他不愿意被人看到的半颗牙齿，“我记得那个时候医生说，牙齿表面有一层保护层，叫、叫牙周膜细胞。医生还说如果用纸巾包裹掉下来的牙，会让保护层因为缺水而干死，就是牙周膜细胞坏死。”

“唉……真是小可怜，不过没有关系，你现在断掉的是乳牙，一般不需要再植。如果你长大了的牙齿，也就是恒牙断了，那就一定要想办法保留住。”长颈鹿医生边说手上的活也没停，继续帮牙牙处理断掉的牙齿又说：“不用紧张了，牙牙你的牙会长好的。你们知道怎么区分乳牙和恒牙吗？”

牙牙张着嘴没法说话，眼睛骨碌碌地扫视着大家，大家都面面相觑，最后不约而同地看着悠悠。

“我知道，那次医生也和我说过……”悠悠低着头，努力回想着之前学到的知识，一股脑儿地全说了出来，“大概六岁以前长的叫乳牙，六岁以后恒牙就会长出来，慢慢依次接替乳牙。六岁以后的孩子嘴巴里恒牙、乳牙同时存在。乳牙一般是青白色或近白色，比较短小。而恒牙有点黄，而且比同名的乳牙要大。”

“看来，悠悠你真的很认真地记住了医生说的话，说得真专业！”长颈鹿医生帮牙牙处理好了嘴里的断牙，拍拍还躺着的牙牙说，“好了！牙牙你的牙没问题了，坐起来吧。如果今后再遇到牙齿断裂或者脱落，一定要学习悠悠的做法：第一，马上把断掉的牙齿拾起来，但是不能捏牙根，要捏住牙冠，就是牙齿的头部，知道吗？第二，如果断齿掉在地上脏了，用温水冲干净。千万别用肥皂，也不要擦洗、晾干，更不要用纸巾或布包紧。第三，把断齿放回牙龈的缺口中。对于年龄小点的孩子，要轻轻用手指把断齿推进去；对于年龄大点的孩子，要把断齿放在缺口处，轻轻咬合，将牙齿推入。最后，一直坚持用手稳住或将断齿轻轻咬住，直到看医生。”

“哇！牙牙没事了！原来断掉的牙齿是可以被‘救活’的呀！”一屋子的小猴们叽叽喳喳，刚才的紧张气氛瞬间消失了。

“是的，没错哟！”长颈鹿医生微笑着看着大家，说到，“那么接下来考考你们，以前我说过刷牙的重要性，谁还记得？”

“我记得！”牙牙一骨碌从床上爬起来举手回答，因为少了半颗牙齿，牙牙说话有点漏风，“刷牙是为了让我们的口腔保持清洁，预防蛀牙。”

“非常好！那为什么有些小猴每天刷牙，还是会得蛀牙呢？”

“因为我每天都要吃糖……”不知是谁抢先回答，引得同学们哄堂大笑。

“哈哈！小馋嘴！没错！一方面呢，我们要尽量少吃糖、少喝碳酸饮料，这样就可以降低发生蛀牙的风险啦！”长颈鹿医生慈祥的微笑着，接着说，“另外一方面，如果每天刷牙还是有蛀牙，那就可能是刷牙方法不对。龋齿，也就是我们常说的蛀牙、虫牙，其实并不是虫子导致的，而是细菌。我们吃的食物残渣留在口腔里，细菌通过发酵产生酸性物质，把牙齿腐蚀，就形成了龋齿。”

一边解释，长颈鹿医生一边拿出了一把牙刷做示范动作，“目前最好的刷牙方法叫——巴氏（Bass）刷牙法，又叫水平颤动法，是去除牙齿间隙菌斑，而且不伤及牙龈的最有效方法。

首先选择软毛牙刷，将牙刷与牙长轴呈 45°角，指向根尖方向。大家看着我，按压龈 - 牙交界区，使刷毛一部分进入龈沟，一部分铺于龈缘上，并尽可能伸入邻间隙内，用轻柔的压力，使刷毛在原位，做前后方向短距离的水平颤动（10 次）。颤动时牙刷移动仅约 1mm，每次刷 2-3 个牙。

为了使每个牙面，都得到充足的拂刷时间，建议每次刷牙时间不少于 2 分钟。为了更好地控制菌斑，保持口气清新，早晨起床后和晚上睡觉前要刷牙，饭后 3 分钟内漱口……”

“啊……好难记呀……”小猴们听得云里雾里的，牙牙托着小脑袋说出了大家的心里话。

“哈哈哈，是有点难记呢，不过没事，我可是专业的长颈鹿医生呀，我有示范动作的动画演示，你们要看么？”

“要！要！”

小猴们争先恐后地拉着长颈鹿的衣角，尤其是牙牙，只听他小声地对悠悠说：“咱俩多学习学习，一起刷出大白牙好不？”

“对不起……”悠悠本来还有些胆怯不敢靠近牙牙，听了牙牙的话，瞬间笑了，郑重地点了点头。

“现在让我们学习刷牙的方法，首先选择软毛牙刷，跟着我做……”

卫生教室里响起了温柔又动听的教学音乐，小猴们跟着视频张着嘴举着手，认真的模仿刷牙动作，还时不时地纠正别人刷牙的姿势，一时间教室里热闹极了……

作者简介

陈佳杰

复旦大学上海医学院殷行社区卫生服务中心　中医全科医生

美国认证协会ACI认证国际注册企业内训师（CEIT）

中国社区卫生协会授课讲师

上海市卫生健康委员会团委“医苑新星”健康讲师

上海市针灸学会保健康复专委会委员

上海市中西医结合学会科普专委会委员

上海市医务青年健康素养演讲大赛　一等奖

“球球”变形记

“球球”变形记

上海中医药大学附属普陀医院　虞陆超
上海市第七人民医院　居宇峰

《中国青少年健康教育核心信息及释义（2018版）》对应条款：

一、养成健康文明的生活方式，可有效预防绝大多数青少年期健康问题，促进青少年健康成长。

（四）科学运动可以强身健体，促进心理健康。建议青少年：

1. 保证充足的体育活动，减少久坐和视屏（观看电视、电脑，使用手机等）时间。课间休息，要离开座位适量活动。

球球从小就是家里的宝贝，大人们整天围着他转，捧在手心怕摔了，含在嘴里怕化了，不仅在饮食上尽力满足，更是化身“人肉”代步工具，走到哪里都抱着他。渐渐地球球长大了，既爱吃，又不爱动，越长越像个“球”。小学还没毕业，体重就已经直逼老爸，身体质量指数（BMI）值更是达到成年人的超重程度……终于，大人们开始着急了，再这么胖下去孩子出门还不得卡住门框？为此，球球的一家到医院寻求帮助，专家告诉他们，球球的情况需要干预减肥，不然后果不堪设想……

改革开放至今已经四十年了，如今城市里营养不良的孩子几乎已经绝迹了，而学校里的小胖墩却越来越多，据统计，目前中国青少年肥胖率已超过 12%，虽然远低于美国的 38% 的肥胖率，但是增长速度非常快，必须引起学校、家长以及全社会的高度重视。

青少年肥胖有什么危害呢？首当其冲的就是影响智力，青少年肥胖既非简单的营养过剩，更非健壮的表现。肥胖会导致脑组织的脂肪堆积过多，形成肥胖脑，使大脑沟回紧紧靠在一起，皱褶减少，大脑皮层变得光滑，进而导致神经网络发育差，智力水平降低，脑反应不敏捷。其次，肥胖会影响身体发育，造

成青少年行动迟钝、肢体活动困难。第三，肥胖的青少年通常会成为同学嘲笑及欺凌的对象，如果不能有效疏导，很容易影响青少年的心理发育甚至造成青少年心理障碍。此外，肥胖还会导致高血压、糖尿病、痛风、脂肪肝等“老年病”的提前发生，进而出现严重的并发症，损害青少年身体健康。

那么青少年肥胖是怎么造成的呢？主要归结为营养失衡和缺乏运动。胖孩子通常要比别的孩子吃得多。但肥胖的原因并不仅仅是吃的多。除了吃得多，更关键的是要看吃什么，一般来讲，偏好吃高脂肪食品和甜食的孩子，肥胖的概率比较高。由于孩子天性大多爱吃甜食，因此许多肥胖青少年喜欢吃奶油、汉堡包、炸薯条、可乐等高热量的食物，甚至有的青少年不喜欢喝水，渴了就以饮料解渴。这些食物一般缺乏维生素和微量元素，还含有过高的脂肪和添加糖，经常食用会摄入过多的热量，造成肥胖。缺乏运动更是现在青少年中普遍存在的现象，现在的孩子大多住在高楼里，从学校回家后一般都待在家中看电视、玩游戏、玩手机，

较少参加集体活动，缺乏体育运动。此外不少地区的学生学业压力大，普遍存在体育课被占用的情况，这样就限制了体能的消耗，再加上营养过剩，脂肪在他们身上堆积也就不足为奇了。而且正所谓越胖越懒，越懒越胖，胖与懒易形成恶性相依，最终造成了越来越多的小胖墩。

家长们终于知道了，之前对于球球的溺爱是害了他。正当全家垂头丧气时，还是爸爸调整了心态，静下心跟医生探讨：让球球现在开始学习运动，他起点有些低所以对很多运动项目会抗拒，球球爸想知道，有没有减肥效果比较好，且上手比较容易，对球球比较“友好”的运动方式呢？

那么应对肥胖有什么方法呢？无非就是少吃多动，少吃这个大家都理解，多动应该如何动呢？这里就想给大家推荐一个用时少，又有效的运动——广播操。

很多同学都对做广播操不以为然，对待广播操就像完成任务一样，能不伸手就不伸手，能不踢腿就不踢腿，尤其是冬天，音乐一响居然要把我们从温暖的教室赶出去，真是太讨厌了。其实每天做广播操对我们的身体大有好处，广播操通常包括预备姿势、伸展运动、扩胸运动、踢腿运动、体侧运动、体转运动、跳跃运动和整理运动 8 节动作组成，能锻炼到全身大多数肌肉，而且有助于身体血液流动，增强抵抗力，天气寒冷时还可以起到暖身的效果。做操可以培养良好的体态姿势，同学们学习压力大，每天都要长时间伏案写字读书，如不多加注意，容易使脊柱发生变形。

广播操中的伸展、扩胸、头部等运动，对于锻炼背部、胸部及颈部肌肉有着良好拉伸作用，可以预防颈椎病和驼背的发生，广播操的每节即刻心率基本在每分钟 120-140 次之间，是人的心脏的最佳负荷，全套动作的最大心率为每分钟 140 次，能对人体产生中等强度的运动刺激，具有较强的健身效果，而整理运动后 4 分钟左右心率即可恢复到正常水平，不会对接下来的课程造成干扰。广播操对增强运动系统、呼吸系统、心血管系统及神经传导系统的功能具有很好的作用，还能帮助调整心态，放松神经，释放情绪，只要短短几分钟，何乐而不为呢。所以希望全体同学能够提高认识，充分重视起广播操的作用，化被动为主动，坚持下去，一定能收获一个健康的身体。

球球爸听了专家的话，先身体力行学习了最新的广播体操，然后带着全家和球球一起规范地做操，天天坚持，收到了良好的效果。再搭配上适当的控制饮食，三个月后球球的体重就恢复到同龄人的正常水准了。你看，这会他正在操场上踢球呢，球球不再是一个“小胖墩”了，而是五年级的足球健将呢！

作者简介

虞陆超

上海中医药大学附属普陀医院骨科医师

上海市卫生健康委员会团委“医苑新星”讲师团健康讲师

上海市优秀住院医师

上海市普陀区中心医院优秀住院医师

上海中医药大学附属普陀医院优秀团员

上海市普陀区中心医院“科学商店”科普项目骨干讲师

美国认证协会（ACI）国际注册内训师（CEIT）

面对陷落的双眼，

在暑假当中我们应该做什么？

面对陷落的双眼，在暑假当中我们应该做什么？

上海市长宁区新泾镇社区卫生服务中心　周祥俊
同济大学附属东方医院　王　韬

《中国青少年健康教育核心信息及释义（2018 版）》对应条款：

二、合理用眼、注意用眼卫生，可有效预防近视。当怀疑近视时，及时到眼科医疗机构检查，遵从医嘱进行科学的干预或近视矫治。

（一）近视是青少年一种常见的眼疾，表现为视远模糊、眯眼、眼睛干涩酸痛的视疲劳症状。高度近视的眼轴过长，会导致眼球突出以及高度近视眼底改变，给生活学习带来不良影响。

（二）不良的视觉环境及行为是近视高发的主要影响因素，青少年要强化眼健康意识，主动学习掌握科学用眼护眼等健康知识，养成健康用眼习惯。

（四）散瞳验光是国际公认的诊断近视的金标准。建议通过散瞳验光确定准确的配镜度数，佩戴合适的眼镜来进行视力矫正。目前，框架眼镜是最安全简单的矫正措施。不戴近视眼镜或故意矫正不足会加快近视的发展。

盼望着，盼望着，期末考试结束，暑假的脚步临近了。亮亮可高兴了，为了能在暑假里玩个痛快，他花了整整 2 个月的时间认真备考，复习功课，终于不负努力，考出了班级前十名的好成绩。妈妈也答应他，成绩够长脸，暑假就随他怎么玩儿。于是，梦寐以求的游戏时光终于来临啦，他拿出尘封已久的 pad 打开了最爱的游戏埋头拼杀起来……两个星期不到，亮亮

却发现，自己原本明亮的眼睛似乎出了些问题，总是模模糊糊地像隔了层薄膜，看向远处更是不清晰了。亮亮有些担心，却又不敢和妈妈说。此刻，收音机里却传来了《周医生健康加油站》栏目的声音。

每年的 8 月份是少年朋友们暑假的最后一段快乐的时光。可是我在新闻里却听到这样一个不幸的事件：有一个小朋友，在暑假里，进入了另外一个“世界”——就是我们都知道的网络游戏。有很多年轻的朋友由于缺乏分辨能力和自控能力深陷其中不能自拔，而新闻里的那个小朋友在连续游戏作战 30 多个小时之后，因脑死亡而猝死。

这是个令我非常难过的新闻，虽然这只是一个个例，但是相当普遍的现象是：在假期里很多小朋友在玩游戏的过程中真的会忘记保护眼睛。不重视用眼护眼，会导致各种眼疾，对今后的生活、工作、学习造成严重的困难和障碍。因此，今天我一定要和大家来分享的是——面对陷落的双眼，在暑假当中我们应该做什么？

其实，对于保护眼睛这样一个主题，不仅仅是暑假，其他时间也应该要做好。只不过在暑假里，小朋友的空闲时间比较集中，身陷游戏的时间就会显得尤其长，这样的危害就会比较大了。

不知道大家是否了解眼睛的构造呢？其实眼睛像是一个可以透射光线的有弹性的玻璃球，这个玻璃球的两端有两根可以伸拉的橡皮筋。通常当我们用眼过度的时候，这两根橡皮筋处于始终紧绷的状态，绷得太久了就容易出现假性近视的状况。所以有的小朋友会发现，短时间内自己的视力下降了，或者好像看不清楚了，其实这就是因为用眼过度而造成的。

“嗯、是了”。虽然不至于致命，但玩游戏会近视却是真有可能呢。过去老妈管得严没机会，这回难得放飞一次，该不会是近视了吧？哎呀，那我又该怎么办呢？

那我们能够做什么？其实啊，对于近视这种青少年常见的眼疾，防重于治，也就是说预防重于治疗。对于预防措施，首先要做的是改善视觉环境。因为光线太强或者太弱的环境会加重眼睛的负担，容易产生眼疲劳。另外，我们要保证用正确的

姿势读书、写字或者玩游戏，眼睛和书桌的距离都要保持在30厘米左右。同时，要对用眼的时间有非常明确的限制，看电视或者是玩游戏，绝对不能超过一个小时，超过一小时后要休息5到10分钟，让眼睛得到休息和放松，养成健康良好的用眼习惯。此外，我们还应该加强饮食的全面补给，一方面要少吃或限量吃油炸食品、甜食或碳酸饮料，另一方面应该多吃一些富含蛋白质、维生素的食物，注意维生素A和维生素C的补充，这样才能够有效抵御视疲劳，防止视力下降。

原来还有这种操作啊，玩一会儿再休息，其实这也不算很难啊，再用小闹钟上个提醒就不会搞错了。至于食物，我得感紧跟老妈说午饭和晚饭都要富含维生素A和C的，老妈是营养师，错不了的！

当我们发生视力下降的情况时，小朋友和家长肯定会很着急，该怎么办？很多人第一时间去配眼镜，还有很多人去做一些所谓的纠正近视的治疗。其实我想说，近视发生之前，其实还有一个假性近视的阶段，在这个阶段，视力有非常重要的“逆袭”机会，因为在“假性近视”阶段中，用有效的干预措施可以帮助有效地恢复小朋友的视力。所以我们千万不要错过这个宝贵的机会，要及时地去就医，医生会根据小朋友的状况给予良好的矫正方法。由此可知，视力下降了以后，应该立即就医，医生会通过散瞳验光的方法，确定是真性近视，还是假性近视，以及是不是需要配眼镜。所以，家长不要盲目地用自己的经验去帮助小朋友判断和处理，我们更应该听一听眼科医生的建议和指导。以上，就是我和大家分享的关于“陷落在暑假的双眼”的话题，希望小朋友们能学会在假期里保护自己的双眼，用眼一小时后休息 15 分钟，让我们一起为健康加分噢！

听完周医生的栏目，亮亮心里有了底，首先告诉自己再不能沉迷于游戏了，玩一会儿还得休息一会儿，让眼睛有放松的机会。其次或许自己的眼睛还有的救呢，得找机会恢复一下。亮亮看了看衣橱顶上的羽毛球拍子想到，或许找隔壁小志打打球就是个不错的开始呢！

作者简介

周祥俊

上海市长宁区新泾镇社区卫生服务中心　家庭医生

上海市卫生健康委员会团委“医苑新星”健康讲师

上海市卫生计生先进工作者

上海市十佳居民健康自我管理小组指导医生

东方卫视《新闻坊》特约评论员

“达医晓护”科普品牌“医学传播智库——科普中国共建基地”首席科学传播专家

美国认证协会（ACI）国际注册内训师（CEIT）

朱朱的烦恼

——缓解便秘有良方

朱朱的烦恼——缓解便秘有良方

华东疗养院　周　璐
上海长海医院　薄禄龙

《中国青少年健康教育核心信息及释义（2018版）》对应条款：

三、保持健康体重的关键是合理膳食和科学运动。超重、肥胖和盲目减轻体重都不利于健康。

（一）超重、肥胖危害青少年的呼吸系统及骨骼，甚至对其心理、行为、认知及智力产生不良影响。青少年时期超重、肥胖更容易延续至成年期，增加成年后患高血压、糖尿病、高甘油三酯血症、代谢综合征等慢性疾病的发生风险。

（三）积极、主动、科学地安排膳食与运动，是超重、肥胖青少年控制体重增长的主要措施。

1. 限制高能量食物摄入，如油炸食品、肥肉、糖果、蜜饯、奶油制品和含糖饮料，以及西式快餐等。

朱朱妈妈最近有点发愁，自家圆润健康的乖女儿成天叫着要减肥，放学回来晚饭也不好好吃，水也不肯多喝，据说“很多女生就是这么瘦下来的”，没承想朱朱经常半夜饿得睡不着觉，又爬起来找水果填肚子。如此折腾了两个星期，体重没减下去多少，反而开始便秘了，一连好几天都没有便意。这天早上，只听得朱朱在洗手台一声尖叫，原来她白嫩嫩肉嘟嘟的圆脸上冒出了好几颗痘痘。妈妈一看，立马想起了广告上说的：“便秘累积了身体的毒素，排不出去，自然要发出来了”，赶紧要给孩子“排除毒素，一身轻松”啊！母女俩跑到药店去买了

些芦荟胶囊回来，准备帮孩子清清肠。

回家的电梯上，朱朱和妈妈遇到了隔壁的医生周阿姨，一聊起这个话题，周医生连忙阻止："这泻药可不能随便让孩子吃啊！"

朱朱妈妈摆摆手说："不要紧的，我以前便秘都是用的这个芦荟胶囊，这次特地买了进口药，这个不含其他添加剂的，是纯植物的成分，纯天然的，没有副作用的！我还会害自己的女儿嘛？"

周医生笑着摇摇头："朱朱妈妈，芦荟是中药中的'泻下剂'，俗话说得好，'是药三分毒'，你以为纯植物纯天然的东西就没有毒副作用吗？那么中药里的附子、乌头怎么会有毒呢，它们也都是纯天然啊。商家只是把概念混淆了一下，其实不是所有的添加剂都是坏东西，也不是所有的纯天然就一定有益处啊。"

"有道理。周医生，快到我们家来坐坐，给咱们好好说说吧。"

"大黄、芦荟、番泻叶等都属于中药里的'泻下药'，它们能够产生泻下作用的有效成分就是一种叫作蒽醌类的物质，这种成分可以刺激肠道蠕动从而快速排出大便。而长期不当地服用含有蒽醌类物质的泻药却会损伤肠道黏膜，从而形成色素沉着，造成结肠黑变。慢慢地，粉嫩嫩的肠子就变黑了，还有可能会诱发其他肠道疾病！同时长期乱服药还会对肝肾功能产生损伤。特别是还在生长发育期的未成年人，胡乱用药更不安全。"周医生说道。

“原来如此，那么我们家朱朱的便秘可怎么办呢？她已经有一个星期都没大便了啊。”朱朱妈妈想起来就发愁。

周医生仔细询问了朱朱同学的情况，原来因为减肥节食，造成朱朱的肠胃中食物残渣过少，肠道蠕动减慢，自然就没有便意。如果把我们的胃肠道比作一个榨汁机，食物投进去，榨出有营养的果蔬汁，那么总得有足够多的原料才有多余的残渣排出来，等装满了残渣盒我们才去把它倒掉。如果总是装不满，那么大肠这个“残渣盒”就只好再等等了，于是因为节食而粪便残渣量不足的朱朱同学就便秘了。

如何解决便秘呢，周医生耐心地介绍说：健康的身体，需要维持正常的新陈代谢，我们得有“进”有“出”才行。缓解便秘，需要合理膳食、适量运动和规律的生活习惯。

首先，多样化饮食能维持我们生长发育所需要的营养，适当补充膳食纤维可以促进排便。

1. 保证一日三餐，定时定量，进餐速度不宜过快。每天吃早餐，保证三餐营养充足、均衡，量适宜。

2. 食物多样，争取做到餐餐有谷类、顿顿有蔬菜、天天吃水果，适量摄入鱼禽肉蛋。谷类、蔬菜水果中富含膳食纤维，能够更好地促进肠道蠕动，帮助缓解便秘。

3. 合理选择零食，在两餐之间可选择适量水果、坚果或酸奶等食物作为零食。坚果中的油脂能够润肠通便，酸奶中的益生菌也可以调节肠道菌群。

4. 足量饮水，首选温开水。每天 6–8 杯 250ml 的饮水可以帮助我们增加肠道水液，促进新陈代谢。

5. 限制高热量食物的摄入，如油炸食品、肥肉、糖果、蜜饯、奶油制品和含糖饮料，以及西式快餐等。

其次，适量运动能够更好地促进肠道蠕动，帮助缓解便秘。大家可以根据个人情况选择跑步、游泳、跳绳、打球、快走、舞蹈、瑜伽等各种运动方式。同时，也可以用顺时针按摩腹部和提肛运动等方法促进肠道运动。

再次，保持良好规律的生活习惯，掌握排便好时机，让我们更智慧地生活。早上起床我们从平躺到站立，这时是肠道运动最激烈的时候，所以便秘的同学可以把握好这个时机。另外三餐以后，是另一个胃肠道运动的好时机。如果有便意，不要憋着，尽快去卫生间解决，毕竟有些感觉“一旦错过就不在”。

医生还建议，青少年在生长发育阶段，不要贸然尝试节食减肥或泻药，容易影响身体正常的新陈代谢，会造成不必要的健康困扰。

朱朱和妈妈听到这里终于恍然大悟：原来要解决朱朱的便秘问题，正常饮食和适量运动才是关键。她们依照周医生的方法，不到一天就顺利畅通啦。

咕噜噜

作者简介

周　璐

华东疗养院外科主治医师

上海市卫生健康委员会团委“医苑新星”健康讲师

上海中西医结合学会科普专委会青年委员

“达医晓护”科普品牌《肠子久安》专栏主编

第三届上海市医务青年健康科普能力大赛三等奖

2018全国青年医生科普演讲大赛华东大区三等奖、全国优秀奖

美国认证协会（ACI）国际注册内训师（CEIT）

西游降魔篇之不良饮食

西游降魔篇之不良饮食

长宁区疾病预防控制中心　戴恒玮
上海市疾病预防控制中心健康危害因素监测与控制所　朱珍妮

《中国青少年健康教育核心信息及释义（2018版）》对应条款：

三、保持健康体重的关键是合理膳食和科学运动。超重、肥胖和盲目减轻体重都不利于健康。

（三）青少年生长发育迅速，对能量和营养的需求相对较高。合理膳食、均衡营养是智力和体格正常发育，乃至一生健康的保障。建议青少年：

3. 食物多样，争取做到餐餐有谷类、顿顿有蔬菜、天天吃水果，适量摄入鱼禽肉蛋。保证每天摄入300克奶或奶制品，常吃豆制品。

4. 合理选择零食，在两餐之间可选择适量水果、坚果或酸奶等食物作为零食。

5. 足量饮水，首选白开水，少喝或不喝含糖饮料。

6. 不偏食节食，不暴饮暴食。少吃油炸食品和高脂肪食物。

孙悟空驾着筋斗云，拉着猪八戒，口中喘着粗气，汗流浃背。“快点，你这个呆子！”悟空揪着八戒的耳朵喊道，“再不快些师傅就要‘外脆里嫩’了！”八戒不满地说道：“快有啥用啊，你打不过那妖怪，再快也救不了师傅！”

说来也奇怪，道上不知道什么时候冒出这么一个妖怪来，长得浑身肥膘，肉像一层层的褶子，刮起一阵风抓了唐僧就跑。孙悟空抡起金箍棒刚要上去救人，还没靠近就头晕眼花，全身无力，动一动就喘，比起八戒的体质都不如了。因此，匆忙间只能驾起筋斗云拖走八戒，连沙和尚和白龙马都顾不上了。

悟空赏了八戒一个爆栗说道：“俺老孙斗不过，不是还有各路大咖在吗？我们现在去找观音娘娘帮忙，她一定有办法的。记得她住在南海普陀山……”“那是老黄历啦，她现在早搬到上海普陀区住了，就在刘翔的隔壁。你看，那里就是了，南海紫竹小区……”师兄弟二人在观音娘娘门前落下了云朵。

“悟空大兄弟，好久未见，今天怎么有空来呢？”观音娘娘很客气地接待了他俩。“还不是师傅，他又被妖怪抓走了……我为什么要说‘又’呢？”“凭你齐天大圣的本事，居然还有搞不定的妖怪？”娘娘好奇道。悟空和八戒一左一右，将来龙去脉详细地向观音娘娘做了汇报。

“嗯，这一定是个基因突变的新型怪兽……”娘娘沉吟道，“让我用神器来帮你百度一下，地球人就都知道了！嗯，这家伙叫作——肥 肉 精！”

肥肉精是个什么东西？世人只听说过瘦肉精啊，悟空忍不住朝八戒一顿打量。“看我干啥！自从国家出台相关法律以后，瘦肉精喂猪最高可判无期徒刑，这个妖怪早就被消灭了，现在俺老猪浑身上下都是放心肉！”八戒忙给自己辩解。

“这个肥肉精可以吸收不合理饮食产生的负能量，变成生化武器，让接触到的人都变成胖子，一运动就气喘、胸闷，导致战斗力直线下降。你看就是他（八戒）这个样子！”观音娘娘一语道破天机。

“原来如此！”两人恍然大悟……“不对啊！”悟空却不服气道：“俺老孙每天饮食清淡，少油少盐，定时定量，属于教科书级别的正面形象啊，肯定是你这只猪拖后腿！”悟空揪着八戒的衣领，眼看着就要发火。八戒慌忙否认，取经路上大家吃一样的伙食，进一样的食堂，怎么可能区别对待呢？但是不良饮食习惯又从哪里来呢？到底是谁才是帮了妖怪的“内鬼”？观音娘娘取出了一件“真话符”，往八戒脸上一贴，原因瞬间真相大白：

“呆子，你每天主食都吃什么？”悟空问道。

“趁大家不注意，去快餐店每天吃三十个巨无霸……”

“出家人吃巨无霸，师傅非扒了你的皮不可！每天都喝了啥？”

“趁大家不注意，去贩卖机每天喝三十瓶可乐……”

“这呆子爱藏私房钱，原来都去买垃圾食品了，还吃零食么？”

“就是有时候买些土豆炸些薯条、薯片啥的，吃个零食……”

“难怪我们的土豆总是缺斤少两的，原来都被你这懒货偷吃了！”

孙悟空指着八戒仰天长叹道：“你每天又是汉堡，又是可乐，还吃薯片，你说我怎么打得过那妖怪。真真是：不怕神一般的对手，就怕猪一般的队友啊！”观音娘娘出声安慰道：“大圣别急，眼下，只有把八戒的饮食习惯纠正过来，才能削弱肥肉精。”

但是，如何才能纠正猪八戒的饮食习惯呢？不让八戒吃汉堡、可乐和薯片，又应该让八戒吃什么呢？

娘娘："要改变习惯，并非一朝一夕的事情，但眼下事情紧急，我先暂时赐你们几样法宝，看！"说着，娘娘掏出了几样法宝。

"第一样神器，名叫如意蔬菜棒！有了它，会减少每天饮食中的高糖、高脂、高淀粉类食物，并增加新鲜蔬菜的比例，补充身体缺少的维生素和纤维素，八戒，感觉怎么样？""好宝贝啊，让我感觉肚子里舒舒服服的，没有了昏昏欲睡的感觉，整个人也精神了！"

（近年来，我国居民蔬菜摄入量逐渐下降。推荐每天摄入蔬菜300—500g，其中，深色蔬菜占1/2，坚持餐餐有蔬菜。——《中国居民膳食指南2016》）

娘娘又掏出第二样法宝说："这叫做紫金开水瓶。有了它以后，就不想再去喝饮料了，每天只喝白开水。饮料里含糖分、色素、添加剂都对身体不好，只有白开水才是生命之源！""嗯，其实仔细品尝，这白开水的味道也挺清甜的，多喝也不会觉得嗓子不舒服……"八戒忍不住又喝了一大口。

（建议成年人每天饮水7–8杯（1500–1700毫升），提倡饮用白开水或茶水，不喝或少喝含糖饮料。未成年人根据年龄的不同适量减少。——《中国居民膳食指南2016》）

"最后这件法宝，叫作白玉鲜果盘，让你每次想吃零食的时候，会选择用新鲜水果替代，水果含有丰富的水分和维生素，还有丰富的果胶，经常吃水果还能抗氧化，让你的皮肤更好哦。”八戒接过宝贝频频点头：“难怪猴哥老爱吃水果，原来这么有营养，我吃了水果之后，不仅精神倍儿棒，皮肤也变得细腻红润有光泽了！”

（零食分为“可经常食用”“适当食用”“限制食用”3个推荐级别。可经常食用的是低脂、低盐、低糖类的零食：新鲜水果、水煮蛋、纯鲜牛奶、烤黄豆、烤红薯等。——《中国儿童青少年零食消费指南》）

有了这三件法宝在身，八戒如同脱胎换骨，肥肉一点点变少，活力慢慢变多，再也不是一走路就喘气的模样。同时，一旁的孙悟空也恢复了平时的模样，被八戒连累的“负面状态”一扫而空。“猴哥，别磨磨唧唧了，快点咱们去跟那妖怪‘唠唠’去！”

观音娘娘也告诫八戒说，良好的饮食习惯贵在坚持，今后一定要坚持合理饮食，不能再让妖怪死灰复燃，有可乘之机。八戒听完立下军令状，表示跟不良饮食习惯就此诀别，随后拉起悟空如一阵旋风般地营救师傅去了。

观音娘娘感叹道：这年轻人呐，知错能改善莫大焉，尤其是不良生活习惯，任何时候改正都为时未晚！突然间她意识到，那三件宝贝是通过电视购物频道刚买的，还没结账呢！

作者简介

戴恒玮

上海市长宁区疾病预防控制中心　健康教育科医师

上海市卫生健康委员会团委“医苑新星”健康讲师

全国健康科普能力大赛一等奖

中国健康科普创新大赛十佳科普解说达人

全国卫生计生微电影节公益类优秀奖

上海市“12320杯”健康达人秀比赛一等奖

“达医晓护”科普品牌“星医讲师团”项目负责人

美国认证协会ACI认证国际注册企业内训师（CEIT）

一封来自脂肪肝的“认罪书”

一封来自脂肪肝的“认罪书”

复旦大学附属华东医院　韩　蕊
上海交通大学医学院附属新华医院　盛旭俊

《中国青少年健康教育核心信息及释义（2018版）》对应条款：

三、保持健康体重的关键是合理膳食和科学运动。超重、肥胖和盲目减轻体重都不利于健康。

（一）超重、肥胖危害青少年的呼吸系统及骨骼，甚至对其心理、行为、认知及智力产生不良影响。青少年时期超重、肥胖更容易延续至成年期，增加成年后患高血压、糖尿病、高甘油三酯血症、代谢综合征等慢性疾病的发生风险。

（三）积极、主动、科学地安排膳食与运动，是超重、肥胖青少年控制体重增长的主要措施。

1. 限制高能量食物摄入，如油炸食品、肥肉、糖果、蜜饯、奶油制品和含糖饮料，以及西式快餐等。

朋友们，大家好，我叫脂肪肝，相信大家对我并不陌生。随着人们生活水平越来越高，我的出现率也越来越高，我一度非常骄傲，我行踪隐秘、悄无声息，人们起初根本无法得知我的存在，任由我不断发展，侵蚀人们的健康。但我现在决定要向人们坦白、认罪，因为，越来越多的青少年甚至儿童体内也发现了我的踪迹，而且很多家长和孩子都对行事低调的我置若罔闻，不加重视，但是后果可能十分严重，所以，我不能再继续摧残祖国的花朵们了，我必须让人们了解我、认识我、重视我，最后远离我！

我的存在相当广泛

我是肝病大家庭中的一大“分支”，我的家族中有两位大将，分别是非酒精性脂肪肝和酒精性脂肪肝。2015 年发布的《中国脂肪肝防治指南》显示，我已经取代了乙肝、丙肝等大哥大姐，成为中国居民第一大肝脏疾病，据不完全统计，目前每 5 个人中就有 1 个是我的亲密伙伴，在经济发达的上海、北京、广州、香港等地，我的存在率更是接近 30%。

我跟家长们一样，最喜欢的就是那些胖胖的宝贝们。你知道吗？在亚洲儿童和中国儿童中，非酒精性脂肪肝的患病率 6.3% 和 3.4%，而在肥胖和超重儿童中，50%—80% 可以找到我的踪迹，可见肥胖是引发儿童慢性肝病的重要原因。

我有三宗罪

我必须坦白，我有三宗罪——肝硬化、肝癌和代谢综合征。

我在长达十几年甚至几十年的发展过程中，会让肝脏经历如下几个过程：单纯性脂肪肝—脂肪性肝炎—肝纤维化—肝硬化！是的，别以为只有乙肝才会导致肝硬化，脂肪肝也可以！在脂肪肝发生、发展的早期阶段，如果人们重视起来，及时将我清除，我是不会影响肝脏健康的，而一旦我发展到让肝脏纤维化的程度，就无可挽回了，最终会导致肝硬化，引发各种并发症，甚至导致肝癌！尽管全球范围内病毒性肝炎得到了有效控制，但肝癌的发病率仍稳中有升，最重要的原因就是我的流行。

虽然我叫脂肪肝，但我对人类身体的危害绝不仅仅在肝脏中，其实，我最重要的影响力在于我的亲朋好友很多，高血糖、高血脂、高尿酸都是我的好兄弟，我们的组合就叫作“代谢综合征”，我们经常一起出现，引发糖尿病、高血压、动脉硬化、心脑血管疾病、慢性肾脏疾病等，威胁人类健康和生命。

我很低调，我来无影

我行事相当低调，你甚至察觉不到我的存在。在我发展的早期阶段，我不会让人们有任何感觉，但我对人类健康的危害却一直存在。我引起的症状也没啥特异性，比如疲累、乏力、消化不良、右上腹不适等，很多孩子都是偶尔发现自己肝酶升高或者体检时才发现我的踪迹。曾有医生在 14 岁的小胖墩身上就发现了重度脂肪肝，脂肪性肝炎，转氨酶升高，在 B 超里面可以看到“发亮”的肝脏，这位少年不得不休学减肥，专心致志与我斗争。

所以，我应该告诉你，我是如何找到你的。

1. 不健康的饮食结构和进食习惯

很多父母忙，没时间做饭，经常外卖解决三餐；祖辈溺爱孩子，甜品饮料管够，久而久之养成了饮料当水喝、蛋糕零食当饭吃的习惯；熬夜做作业或者打游戏，夜宵吃得多，吃完就睡；不吃蔬菜只爱荤腥、不喜蒸煮只爱油炸，这些高热高脂高糖的饮食结构和缺乏运动的不良生活习惯，极易造成脂肪在肝脏内的堆积。我就这样在不知不觉中进入了你的体内。

2. 多坐少动的生活方式

学生们课业压力比较大，琴棋书画样样都要涉猎，还有些学生沉迷于手游、抖音等，当人体习惯久坐，拒绝参加体育运动时，没有被消耗的热量就会转化为脂肪，聚集在人体的皮下、肝脏中。我就是这样被“堆积”出来的。

3. 遗传易感性

很多疾病都呈现出家族聚集倾向，我也是这样，家里有脂肪肝、肥胖、糖尿病、高血脂的父母应该注意，您的孩子也很容易中招，尤其是已经超重的孩子，更应该密切随访。一不小心，我就像接力棒一样，被“传”到孩子手里。

悄悄告诉你，我的克星

我虽然是个坏蛋，但我很知趣，只要人们下决心驱赶我，并持之以恒地坚持，我还是会乖乖消失的。其实清除我，很简单，你只需要做到以下三点：

1. 改变饮食习惯。健康合理的饮食原则为：饮食清淡，少盐少脂；拒绝甜品饮料，多饮白开水；蒸煮为主，油炸少碰；荤素搭配，水果适量；多食膳食纤维高的食物，适当补充益生菌；控制总能量的摄入，可以达到减肥的目的。当然，还可以到医院请求专业营养师的帮助，规划合理的饮食计划，以达事半功倍的效果。

2. 规律运动、减重。选择适合的喜欢的运动方式，制定运动处方，规律执行，通常进行有氧运动，比如中快速步行、慢跑、游泳、打羽毛球、踢毽子、跳舞、跳绳、上下楼梯、打太极拳等。运动应适量，坚持，不可一蹴而就。这样，会使我们无处可藏，直至被消灭。

3. 改变生活方式。不管课业压力多大，都应该早睡早起，不熬夜，不吃夜宵；不暴饮暴食，规律三餐。当然，任何时间场合，少年儿童都不应该饮酒。

说了这么多，相信大家对我都有了充分的认识，看在我这么坦诚的份上，您一定要重视我的存在哦，并下定决心，将我驱逐出体内，减轻我的罪行和我心中的愧疚。

作者简介

韩蕊

复旦大学附属华东医院急诊科主治医师

中国青年作家学会会员

上海市卫生健康委员会团委“医苑新星”健康讲师

上海市中西医结合学会科普专委会青年委员

“达医晓护”科普品牌《追求内在》专栏主编

美国认证协会（ACI）国际注册企业内训师（CEIT）

肺结核病，
其实离你并没有那么远

肺结核病，其实离你并没有那么远……

长宁区疾病预防控制中心　戴恒玮
复旦大学公共卫生学院　钱梦岑

《中国青少年健康教育核心信息及释义（2018版）》对应条款：

四、肺结核是常见的慢性呼吸道传染病，易在聚集性群体中传播。出现咳嗽、咳痰2周以上等症状，须及时就诊。学生应主动向学校报告。

（一）肺结核是严重危害身体健康的慢性传染病。

（二）肺结核主要通过病人咳嗽、打喷嚏、大声说话等产生的飞沫传播，人人都有可能被感染。

（三）咳嗽、咳痰2周以上，应警惕得了肺结核，要及时就诊。

（四）规范全程治疗，绝大多数患者可以治愈，还可避免传染他人。

明明是个初三毕业生，在刚刚结束的中考里他表现出色。之前为了冲刺好成绩，整整几个月他整夜读书，搞题海战术，终于熬出了头，如愿以偿地考上了理想的高中，还有一个自我放飞的暑假。

正巧，明明的爸妈要去国外学习一段时间，安排明明一个人在家生活。不想，他几乎每天都泡在网吧打游戏。玩累了就在网吧沙发上躺一会，饿了就叫快递送点快餐边吃边玩。一个星期后，他出现了咳嗽、发低烧等症状，两周后还出现了咯血的症状，实在扛不住才不得不到医院检查，检查结果令他五雷轰顶、双腿发软，得的居然是——肺结核病。

身为历史百事通的他绝望地想了起来，肖邦、契诃夫、鲁迅和林徽因等都是因此病而逝世的名人，难道十几岁的年轻生命这就到了头？明明一路恍恍惚惚地走着，一头撞到邻居大叔都没知觉。大叔看着如同拍僵尸片的明明，这精神状况越瞧越有问题，在仔细盘问之后才知道事情的来龙去脉。

“大叔，我怎么会得这种病，我还年轻啊！”委屈的明明边哭边说。“明明你先别急，这事情远没你想的那么恐怖呢，不信你看！”。大叔指着自己的工作牌，“疾病预防控制中心”几个字分外耀眼。“原来大叔您是医生啊，太好了，我还有救么？”明明仿佛抓到了救命稻草。“当然，现代医学对付肺结核病已经很有办法了！”大叔拍了拍他的肩说。

肺结核俗称“肺痨”，是由结核分枝杆菌引起的一种慢性呼吸道传染病。结核分枝杆菌可以侵入人体全身各种器官，但主要侵犯肺脏，称为肺结核病，它占各种类型结核病的 80% 以上。肺结核病常见症状是咳嗽咳痰，痰中带血，其他常见症状还有低烧、夜间盗汗、午后发热、胸痛、疲乏无力、体重减轻、呼吸困难等。

“像我这么年轻的学生，也会感染肺结核病么？”“当然，虽然学生肺结核病占肺结核总发病数比例不大，但你们正处在长身体、长知识的关键期，感染结核病会给学生的学习、生活和身体健康带来很大危害的。”

造成学生易受肺结核病感染的原因：

1、学生正处青春发育阶段，身体新陈代谢旺盛，对各种营养的需求量猛增，容易造成营养缺乏，加之学生学习紧张、精神压力大、休息时间少等原因，导致了抵抗力的下降。

2、中学生或大学生由于接种卡介苗的时间相对较久远，体内特异性免疫水平处于较低水平。

3、肺结核症状不典型，在校学生对轻微的咳嗽、发烧往往不在意，导致学生肺结核患者不能被早期发现、早期隔离和早期治疗。

4、学校人群高度集中，学习、住宿环境拥挤，给呼吸道传染病菌的传播制造了条件。

5、在校学生对肺结核病防治知识的相对缺乏。

明明之前课业繁重，学习压力大，再加上之后的突然放飞，长时间玩游戏，导致免疫力下降，因此感染上了肺结核病。同时，结核杆菌主要通过传染性肺结核患者咳嗽、咳痰、打喷嚏而播散到空气中，学校和明明玩游戏的网吧都是人群密集的场所，为结核杆菌传播创造了有利条件。

“那我已经得了肺结核病了，还有机会治好么？”“放心，随着各种抗生素的诞生和医学的迅速发展，肺结核病已不再是不治之症。”

得了肺结核病不可怕，关键在于早期发现，通过规范服用抗结核药物治疗，大多数人可以治愈。普通肺结核治疗全程为6至8个月，耐多药肺结核治疗全程为18至24个月，患者在治疗期间需要定期复诊、复查，在医生指导下用药。但需要注意的是，个别患者自行停药或更改治疗，会导致治疗失败，甚至发展成耐多药结核病，治愈率也会大大降低，甚至终生不愈，治疗费用也大幅度增加。如果再传染给其他人，被传染者一旦发病也是耐药结核病。

在治疗期间，还应注意：

1、积极配合，按照治疗方案全程规律服药；

2、增强营养，多吃高蛋白、高热量、高维生素食物；

3、充分休息，增加室外开阔环境活动；

4、开窗通风，需要阳光紫外线，并煮沸消毒日常用品。

“好的，大叔，我一定积极治疗、好好休息，听医生的话，早些把肺结核病治好，谢谢您！”“不用谢，等病治好了以后可不能再这样乱来，再不能让肺结核病有可乘之机了呀！”

明明积极接受治疗，经6个月规范治疗后痊愈，他还痛定思痛狠狠地戒掉了网瘾。此后，网瘾学生变成运动健将，不仅每天保持适量的体育锻炼，还参加了学校里的好几个社团，通过社团活动向同学们宣传肺结核病的防治知识，成为了一名不折不扣的健康小达人。

作者简介

戴恒玮

上海市长宁区疾病预防控制中心　健康教育科医师

上海市卫生健康委员会团委“医苑新星”健康讲师

全国健康科普能力大赛一等奖

中国健康科普创新大赛十佳科普解说达人

全国卫生计生微电影节公益类优秀奖

上海市“12320杯”健康达人秀比赛一等奖

“达医晓护”科普品牌“星医讲师团”项目负责人

美国认证协会ACI认证国际注册企业内训师（CEIT）

对“第一支烟”说“不”

——青少年禁烟宣传

对“第一支烟”说“不”——青少年禁烟宣传

上海中医药大学附属普陀医院　朱林筠
上海市第六人民医院　吴　蔚

《中国青少年健康教育核心信息及释义（2018 版）》对应条款：

五、烟草严重危害身体健康。要抵制烟草诱惑，拒吸二手烟，远离烟草危害。

（一）烟草对青少年身体健康有极大的危害。

（二）青少年要抵制烟草诱惑，拒吸二手烟。

一道光闪过，只见半空中落下个人，鬼影似的窜向墙角，不一会儿便有几缕青烟在墙后升起。

“一定是有敌人偷烧粮草！”在大营值班的不是别人，正是神通广大的二郎神杨戬。作为西岐第一神将，他额头的神眼犹如雷达，一切情况都逃不过他这法眼。“走！”杨戬祭出了哮天犬，朝青烟扑去。“哎哟，杨大哥别放狗，是我，哪吒！”叫声犹在，哪吒已从墙后抱头逃出，十分狼狈。

“你在墙后偷偷摸摸干什么？”杨戬看着哪吒不解地问。哪吒伸出了藏在背后的手，当中两手指夹了根烟，尴尬地朝杨戬笑笑。“杨大哥，我爹平时看得紧，趁他睡了我偷了他一包烟，试试味道。”说着，又用风火轮点燃一支烟，递给了杨戬。

“我不抽！你年纪这么小怎么就抽上烟了，不知道它会损害你的健康么？”杨戬严肃地说道。“杨大哥别这么认真嘛，就抽这么几口，哪里来什么危害？”小哪吒一脸不在乎。是啊，抽几口烟，真的有那么大的危害么？

“吸烟有害健康”相信各位年轻人已经耳熟于心，不知道你们的长辈、同伴中有多少人吸烟，烟草流行是当今世界所面临的最大公共卫生威胁之一，从世界卫生组织公布的数据来看，全球有 11 亿吸烟者，烟草可导致多达半数使用者死亡，每年使 700 多万人失去生命，其中有 600 多万人死于直接使用烟草，有大约 89 万人属于接触二手烟雾的非吸烟者。我国烟草流行长盛不衰，中国烟民逾 3 亿人，每隔 7 秒就有一人因烟草离世。烟草成为“损人更不利己”的社会公害，无论在工作环境、公共餐厅还是在家庭中，大家都能看到新老烟枪们随意地吞云吐雾，这种不文明的行为不仅污染了环境，害了自己也坑了周围人。

国家卫生计生委统计数据表明，我国 15 周岁以下青少年中，吸烟率已高达 28%，实在令人担忧。烟民们踏上吸烟的第一步时，总有这样那样的理由，无论是觉得吸烟代表着成长、吸烟可以扮酷，抑或是为了融入小圈子，甚至纯粹出于好奇，往往青少年时期是“第一支烟”的高峰期。

怎样才能杜绝“第一支烟”，只有让我们走进烟草、了解它并远离它，拒绝烟草从今天开始。

烟草危害真的大

“你可千万别小看了烟草的毒性，虽然它不像蛇蝎之毒那么猛烈，但种种慢性毒物，对身体危害极大。不信你看！”杨戬说着额头上的法眼一亮，“显形神光”照在香烟上，有害物质一个个无所遁形。“这……太可怕了！”哪吒脸色煞白地说道。

烟草中含有千余种化合物，主要致癌物质就有四十余种，其中放射性同位素（钋、镭、铅）、砷、苯、DDT、焦油等均是致癌成分，我们所熟知的尼古丁则是臭名昭著的令人成瘾物质。吸烟时，烟雾吸入肺内，有害物质通过肺泡吸收进入血液，再通过血液循环损害全身各脏器。烟草可以导致慢性肺部疾病、各类恶性肿瘤特别是肺癌，还可以引起冠心病、脑血管意外，增加糖尿病的患病率，烟草亦可导致幻觉与精神异常。

或许你觉得自己还年轻，这些病离自己远着呢，然而这些疾病的发生发展均呈慢性过程，未成年吸烟者的Ⅱ型糖尿病、心梗、脑梗、恶性肿瘤等发病年龄呈现低龄化趋势，且精神疾病发生率显著升高，聚沙成塔、滴水穿石，吸烟的危害后患无穷。

烟瘾居然是一种疾病

“有毒还不是烟草唯一的危害，作为一种毒物，它不仅伤人于无形之间，更可怕的是烟草能让人上瘾，抽了一支又一支！”“我的天哪，那岂不是像狐狸精的勾魂术？”哪吒不可思议地看着手中的香烟说道。“是的，可能比勾魂术更可怕！”杨戬郑重地对哪吒说。

世界卫生组织已将烟草成瘾列为一种专门的疾病，戒烟难正是因为对尼古丁成瘾，国家卫计委出版的《中国临床戒烟指南（2015年版）》中指出，烟草依赖包括躯体依赖和心理依赖两方面，缺乏外界帮助的戒烟成功率不足5%，更多的“老烟枪”们可能需要在尼古丁的替代品或者戒烟药物帮助下戒烟。

初次吸烟年龄低于18周岁的未成年吸烟者，不仅慢性肺部疾病发病年龄大大提前，其持续吸烟时间与总吸烟量大大超过成年吸烟者，低剂量尼古丁即可导致高依赖性，成瘾性极强，所以年轻烟民戒烟不适感大大增加、复吸常见，戒烟失败率高，进入恶性循环。

吸烟又贵又不酷

哪吒看着手里的烟一脸纠结地说：“但是，抽烟真的很酷啊，即使知道它会伤身体，有时候忍不住想要show一下怎么办？”“你是不是最近和东海龙王家的小龙女走得近，想要在她面前耍酷啊？”面对一脸八卦的杨戬，哪吒害羞地承认了。“那你就更不该吸了，吸烟可是会损害颜值哦！’”杨戬点着哪吒的脑袋教育道。

青少年正处于生理心理生长发育期，对外界具有强烈的好奇心，迫切期待周围伙伴及成年人的认同，然而学业、交友甚至家庭的压力又让青少年们无处释放，吸烟也许是证明自己长大、掌控自己生活的一个标志，“第一支烟”由此乘虚而入。

吸烟其实一点都不酷，不仅会让皮肤提早变老、皱纹横生；

口臭、牙齿发黄，身上烟味熏鼻，让人“难以忍受”；时不时地咳嗽清嗓，让别人以为你得了“肺病”，避之唯恐不及。吸烟还会有不小的花费，以 20 元 / 包的烟为例，每天一包，一年需花费 7000 多元。如果将这部分钱财用来买书，拓宽自己的知识面；购买运动装备，提高自己的技能成为又酷又健康的运动健儿；抑或攒钱与伙伴们来个远足旅行增长见闻，都是提高自己学识与能力的好办法，或许比高价“燃烧”烟草更划算。

拒绝烟草从头开始

听了杨戬晓之以理，动之以情的分析，哪吒表示要彻底跟香烟断绝关系。杨戬欣慰地点了点头，同时也告诫哪吒，不仅自己不要尝试吸烟，当别人递烟时，也要一口拒绝，拒绝这“第一支烟”。哪吒猛然想起，好像就是自己的哥哥木吒教他抽烟的，这无良的兄长……

千万不要认为烟草离你很远，也许你周围正有人打算拖你下水一起试试。当“第一支烟”出现的时候，请勇敢地说“不”！请记住，你并没有拒绝和这位伙伴成为朋友、也没有拒绝长大、更没有拒绝成为一个有文明行为并能掌握自己命运的人。你仅仅是拒绝了一支烟，拒绝了对身体的危害，也拒绝了精神上的依赖。

保护青少年，远离烟草是一个世界性的话题，从世界卫生组织、我国疾病预防控制中心、卫健委到教育系统均加入了拒绝烟草的战役，青少年的健康不仅关乎每一位青少年的命运，更关乎社会国家的未来。拒绝“第一支烟”，你并不是一个人在战斗，你的身后有关心支持青少年成长的人们，为了让自己成为更健康更文明的人，请拒绝烟草，从今天开始！

经过了这次谈话后，哪吒了解了烟草的危害，对自己偷偷抽烟的行为感到又羞愧又后悔。身为一名少年英雄，他不仅要洁身自好不吸烟，更要将烟草这个妖怪从身边驱逐出去，不危害周围人。看着手中被捏扁的烟盒，他突然想到，家里还有父亲和兄长是多年的老烟枪，或者他的禁烟使命就该从他们开始。

作者简介

朱林筠

上海市普陀区中心医院呼吸科主治医师

中华医学会呼吸病学分会青年委员会呼吸慢病管理全能挑战赛区域赛优秀奖

第五届上海青年医师科普能力大赛优胜奖

上海市普陀区优秀科普志愿者

上海市普陀区中心医院“十佳医生”

上海市卫生健康委员会团委“医苑新星”健康讲师

美国认证协会（ACI）国际注册内训师（CEIT）

炎热夏季，谨防儿童车内中暑

炎热夏季，谨防儿童车内中暑

长宁区疾病预防控制中心　黄莉丽
上海市第六人民医院　秦海军

《中国青少年健康教育核心信息及释义（2018版）》对应条款：

六、增强自身安全防范意识，掌握伤害防范的科学知识与技能，可有效预防交通伤害、暴力伤害、溺水等发生。

（一）青少年主要的伤害包括道路交通伤害、暴力伤害、溺水、食物中毒和动物咬伤。采取有针对性的预防策略和措施，可以减少伤害的发生。

（二）出行严格遵守交通法规。行走、骑行、驾驶时不使用手机等电子设备。驾车或乘车时系安全带。骑行时选择并正确佩戴大小合适的合格头盔。行走或骑行机动车时佩戴醒目标识，如有反光材质的服装、帽子、书包等，可减少事故发生。

七月里，35℃的天气有些闷热，梁梁坐着妈妈的车一起去超市买东西。车停在超市门口，见囡囡睡得很甜，妈妈就没叫醒她，心想反正就买一瓶可乐，时间很短的，于是锁好车门独自离开了。梁梁睡醒后发现妈妈不在身边，车子里又特别闷热，本能地拼命哭喊，要找妈妈，可妈妈却迟迟没来。慢慢地，她小脸通红，觉得透不过气，眼前一黑就晕了过去……幸好路过的保安叔叔看到车里晕过去的梁梁，赶紧找来妈妈把她救了出来。

"120"救护车10分钟就到了，急救医生一看就说梁梁"中暑"了。这时梁梁的体温达到39℃，医生果断为梁梁接上氧气、扎上吊针、用上冰袋，立即去医院抢救，两个小时后，梁梁清醒过来，晚上体温恢复了正常。

据统计，15岁以下小朋友在车内中暑已经成为除了车祸和车辆相关死亡事件的第二致死原因。在过去几年中，全球至少有300多名儿童因被父母有意或无意单独留在车内而导致死亡。

为什么小朋友容易发生车内中暑？

因为汽车里实在太热了！日本研究人员曾经用实验证实，当室外气温在25℃–29℃时，车内密闭空间温度能达到45℃，此时把小朋友放在车内，只需13分钟就会中暑；当室外气温在30℃时，车内温度就会超过50℃。而在太阳直射下，车内温度更是迅速升高，小朋友体温也随之上升。这种情况下，容易发生严重的中暑——“热射病”，它会导致身体大量出汗而虚脱，又因密闭不通风，体内积蓄过度能量引发神经器官受损，直至死亡！

有人会说，车里闷温度升高快，开窗通风不就好了？有图一时方便离开一小会儿的家长，喜欢给车窗留条缝隙，以为这样就没事了。却不知在太阳直射下，10分钟内，车内温度会上升近7℃左右，小朋友中暑的风险依然很大。

所以，小朋友们千万要记住提醒家长，别把自己一个人留在车里，尤其是在炎热的夏天。

万一小孩被关在车里了，该怎么办呢？

如果像梁梁那样不小心被留在车里了，那就尝试自己打开车门吧！现在很多车型的门锁种类各不相同，有中控锁、机械锁、电子锁等，但基本上都是锁外不锁内的。也就是说，即使爸爸妈妈锁住了车门，从外面没办法打开，但是从车子里面却是能打开的。也有些车锁打开方式比较特别，比如提拉机械锁或者开锁需要两次拉动内侧们拉手，平时小朋友们可以向爸爸妈妈讨教，学习从车内打开自家汽车的车门。

还有些家长在汽车后排门上安装了儿童安全锁，为了防止小朋友在乘车中打开车门。儿童安全锁锁上之后从车内是无论如何也打不开车门，这时候小朋友该怎么办呢？答案是从汽车的后排爬到前排，然后从前排打开车门出去！儿童锁通常只会安装在后门，而前门尤其是驾驶员门一般不会安装儿童锁，所以小朋友只要学会从里面打开汽车前门的方法即可。

当然也不排除有些小朋友自救时无法打开车门，那么最简便

方法就是，连续摁响喇叭引起路人注意，这样就有多一点的获救机会。

已经中暑了，那该怎么处理？

1. 不宜大量喝水

小朋友中暑以后，要多喝水补充水分，但每次饮水量不宜过多。每次喝水量最好不要超过 300 毫升，禁止狂饮。喝水过猛不但会使胃液浓度降低，影响消化，而且可能会诱发发射性排汗亢进，更有甚者会导致热痉挛。

正确做法是：少量多次，每次饮水量以不超过 300 毫升为宜。

2. 不宜吃大量的油腻食品

大量油腻食物会造成肠胃的超负荷，从而让血液停留在胃肠道部位，导致小朋友倍感疲劳或者消化不良。

正确做法是：应吃一些清淡爽口的食品，以适应夏季的消化能力。

3、不宜吃大量冷饮

也有小朋友会认为中暑后多吃冷饮可以给身体“降温”，就大吃特吃冷饮。其实这样做对身体有害无益，因为小朋友胃血管比较敏感，冷热的刺激很容易引起胃血管的收缩，大量吃冷饮，很容易伤害到胃。

正确做法是：补充水分时可以考虑喝温水，或者喝一些淡盐水和绿豆汤，但每次不要喝太多。

作者简介

黄莉丽

上海市长宁区疾病预防控制中心综合业务办公室

中国科普作家协会成员

中国科普作家协会科普科幻青年之星计划二等奖

"大姨妈"，

让人又爱又恨！

“大姨妈”，让人又爱又恨！

上海市中医药大学附属普陀医院　马璐璐
上海交通大学医学院附属同仁医院　徐仲卿

《中国青少年健康教育核心信息及释义（2018版）》对应条款：

七、掌握正确的生殖与性健康知识，避免过早发生性行为，预防艾滋病等性传播疾病。

（三）了解青春期第二性征的发育，女性月经的发生、特点，男性的勃起和遗精等知识。

2. 女性月经初潮是青春期的重要标志。月经初潮后，发生经量过多、痛经、周期不规律是常见现象，一般需要2年左右的时间才能形成规律的月经。

欣欣和月月是最要好的小姐妹了，从小她俩一直形影不离，分享着彼此的快乐、烦恼和小秘密。但最近，欣欣发现月月好像有不舒服，脸色发白，喊她出去玩也不愿意。欣欣好奇月月到底怎么了，月月却回答了一个莫名其妙的答案：大姨妈来了。真奇怪，大姨妈是上门讨债了么？为什么来个亲戚让月月如此不适，欣欣百思不得其解。当欣欣把疑问向妈妈诉说时，妈妈笑了好一阵。“是时候跟你讲讲，每个女孩子特有的‘大姨妈’了。”

大多数小姑娘跨过10岁的门槛，接下来几年就会经历一连串的变化：身体仿佛一夜之间抽了条，长高许多，婴儿肥也一点点消失了，光洁的额头和脸颊上开始隔三岔五地冒痘痘，稚嫩的胸口慢慢隆起两粒秀气的“小笼包”，再然后，或早或晚都会结识神奇的“新亲戚”——“大姨妈”，也就是月经。

月经到底是什么？在回答这个问题之前我们一定要知道女生身体里的“两房一厅”：两个卵巢就像左右连着“走廊”（输卵管）的两间小卧室，子宫就好比中间一个香梨形状的客厅。每个月两间“卧室”里住着的“司令官”都会向“客厅”下达一个“你需要大扫除了！”的指令，然后“客厅里”的垃圾就会阶段性地往外扔。准确地来说就是：卵巢分泌的性激素使我们的子宫内膜发生了周期性变化，每月内膜脱落一次，脱落的黏膜和血液通过阴道排出体外，这就是月经。这件神秘而充满仪式感的“流血事件”有过很多不同的名字，古典的例如月信、癸水，含蓄的比如例假，当然还有比较亲切接地气的说法——“大姨妈”。“大姨妈”脾气百变，你遇到的是“亲姨妈”还是“容嬷嬷”完全因人而异，但是个个都不好糊弄，让人又爱又恨！

“我懂了，原来每个女孩子都会来‘大姨妈’呀。可是，为什么月月的‘大姨妈’来了，但我还没有来呢？”“小傻瓜，人和人之间是不同的，只要在正常的范围内早来晚来都有可能。但是，咱们欣欣也要做好准备啦。”妈妈笑着摸着欣欣的头解释道。

第一次来“大姨妈”被称为月经初潮，一般在11-16岁之间，预示着女孩子青春期的开始。头次拜访的“大姨妈”还是很懂礼貌的，多数会提前下个“拜帖”——青春痘、胸部发育、小内内上出现的血丝和白带（就像蛋清一样，透明无味，有点黏黏的）等等。接到“拜帖”的我们千万不要过度紧张忐忑，这说明你的身体在慢慢长大。可惜这张“拜帖”书写得极不规范，居然忘了写上门的具体日期！所以从这一天起，我们就要时刻准备着了，比如跟妈妈沟通之后在书包的内袋里备一片卫生巾准备迎接“她”的突然造访；比如开始有意识地少吃生冷辛辣的食物等等。

“大姨妈每次来的时候，就必须像月月那样，不能随便出去玩耍了么？”欣欣有些遗憾地问。“也不是一定不能出门，但要做些准备工作却是必需的。”妈妈告诉欣欣。

月经血并不是鲜红色的，多数呈现暗红色，不凝固，除血液外还含有子宫内膜碎片、宫颈黏液及阴道上皮细胞，所以我们会在卫生巾上发现血色的絮状物，这其实是正常的。一般情况“大姨妈”的造访不会带给我们明显的不适感，少数人可能会感觉下腹、腰骶部有下坠的感觉或者乳房胀痛、便秘、腹泻、头痛等，或者期间出现容易觉得累、老是想睡觉等情况，这都属正常，如果情况轻微不影响平时的学习及生活，那就不需要太多虑，只要注意休息、合理饮食就好。

每次“大姨妈”来串门都会“小住”大约3-7天，这期间的女孩子必须“娇气”一点，衣着、饮食、运动都要注意：要避免剧烈体育运动、长距离骑车和跑步（但并不是一定要缺席所有的体育锻炼，千万别偷懒，适度的活动还可以缓解腰骶部的不适感）；要注意保暖、预防感冒，因为经期的抵抗力相对会降低；要注意休息、保证睡眠且睡觉时，应预防“大姨妈”实访，弄脏床被；要提醒自己尽量不吃生冷辛辣的食物，多喝热水、注意饮食营养搭配；要选择质量可靠的卫生用品，经常清洗外阴、预防感染；尽量不穿紧身、不透气的裤子；月经量大的女孩子注意不要穿浅色的裙子裤子，预防侧漏弄脏衣服，避免尴尬。前几次上门

的“大姨妈”有点“愣头愣脑”，并不一定是每个月准时一次，也不是每次都持续相同天数，所以我们要做好心理准备，才能轻松应对前几次的突然造访。

“既然‘大姨妈’是正常的事情，那为什么月月看上去好像生病了，很不舒服的样子呢？”欣欣又问道。“嗯，‘大姨妈’的情况有点不稳定，有时候只会让人有些乏力，但有时候会让人非常疼痛呢。真是个奇怪的‘亲戚’。”

如果你家的“大姨妈”是个“守时、温柔、沉默”的“好亲戚”，那么恭喜你，只要注意前面我们提到的几点就可以了。如果你的“大姨妈”是个“心狠手黑”的“容嬷嬷”，每次光临都带着明显的“生理痛”，或者头晕、恶心、呕吐，严重影响了你的正常学习和生活，那一定要明确一点：这样的“大姨妈”是不正常的，千万不要放过她！简单来说，痛经分为原发性和继发性两种，但不管是哪一种，千万不能因为害羞就咬牙忍着，一定要第一时间求助妈妈或者学校熟悉的女老师，及时到医院就诊，让医生想办法好好改改“她”的“臭脾气”！

从此以后，每个女孩跟“大姨妈”“相爱相杀”的日子就正式开始了。有规律的“大姨妈”证明自己有完好的排卵功能，给予了女孩子日后升级做母亲的能力，而且勤劳的“大姨妈”真的每个月都在努力为子宫大扫除，带走子宫腔和阴道里的病菌、垃圾，这是女性保护自己的特殊天赋。勤劳友爱的“大姨妈”，让我们怎能不爱“她”！

不管你遇到的是什么性格的“她”，每个女孩跟自己的“大姨妈”都会有三四十年光阴要“携手共度”，会有很多“爱恨交织”的故事发生，让我们温柔地对待对自己，且行且珍惜。

欣欣听了妈妈的解释后，对“大姨妈”有了了解，不仅理解了月月的情况，也对“自家亲戚来串门”有了心理准备，当她的“大姨妈”真的来了的时候，再也不会感到疑惑和紧张啦。

作者简介

马璐璐

上海市普陀区中心医院医师

全国首届健康演说家

上海市卫生健康委员会团委“医苑新星”健康讲师

“达医晓护”科普品牌总编助理及科普楼宇项目负责人

上海市中西医结合学会科普专委会青年委员

2018年上海科普教育创新奖优秀科普志愿者二等奖

美国认证协会（ACI）国际注册内训师（CEIT）

青春期的故事

青春期的故事

上海市第一妇婴保健院　吴胜男
上海交通大学医学院附属同仁医院　徐仲卿

《中国青少年健康教育核心信息及释义（2018版）》对应条款：

七、掌握正确的生殖与性健康知识，避免过早发生性行为，预防艾滋病等性传播疾病。

（二）了解同性和异性生殖器官的构造、特点和相关功能。

（三）了解青春期第二性征的发育，女性月经的发生、特点，男性的勃起和遗精等知识。

1. 男性第二性征包括胡须、腋毛、阴毛，喉结和变声。女性的第二性征包括乳房发育、阴毛、腋毛，其中乳房发育是首先出现的第二性征。

2. 女性月经初潮是青春期的重要标志。月经初潮后，发生经量过多、痛经、周期不规律是常见现象，一般需要2年左右的时间才能形成规律的月经。

3. 遗精是在无性交活动的情况下发生的射精。青春期男性均会出现，每月1–2次遗精是正常现象。

我们从哪里来——生命的奥秘

小朋友们知道自己是从哪里来的吗？是不是很多爸爸妈妈会回答你们说：

你是我充话费送的～

你是我打游戏赢来的～

你是从我腋窝里生出来的～

对于自己到底从哪里来，小朋友们都会很好奇，这也正是人类寻找归属的本能。那么，我们到底是从哪里来的呢？今天我们一起来揭晓一下生命的奥秘。

小朋友们都知道，一颗小树苗是怎么长大的。我们要把种子埋在土壤里，每天浇水、施肥，让他接受阳光的照射，然后种子慢慢发芽，破土而出，长成参天大树。我们就好比这小树苗一样，爸爸妈妈的精子和卵子就是种子，土壤就是妈妈的子宫，而浇水、施肥就是胎盘和脐带的作用，等我们慢慢长大就从妈妈的子宫生出来到这个世界上了。

接下来我们看一张图片，看看妈妈肚子里的房间是什么样的。

妈妈的体内有一个子宫、两根输卵管和两个卵巢，并通过阴道与外界相通。我们把两个卵巢和子宫比喻为“两室一厅”，而输卵管就是连通这两个“房间”和“客厅”的走廊。卵子小姐最早是住在卵巢内，也就是“房间内”，卵子小姐是女生体内最大的细胞，直径在 0.1 毫米以上。等卵子小姐发育成熟了，

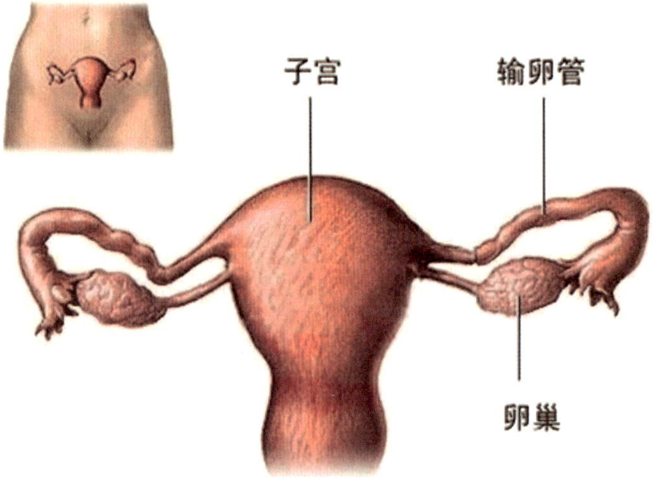

就从卵巢跑出来，医学上称之为“排卵”。这个时候输卵管的小手就会把卵子小姐抓住，让她在“走廊”等待着与精子先生的相会。

精子先生来源于爸爸睾丸内，是男生体内最小的细胞，外形像小蝌蚪，当爸爸妈妈相亲相爱以后，爸爸就会把精子先生放入到妈妈的阴道。爸爸放进去的有上亿个精子先生，精子先生从阴道经过子宫，要经过激烈的游泳比赛，只有跑得最快、最强壮的那一个，才能在输卵管遇到卵子小姐，精子卵子的结合，医学上称之为“受精”，受精卵就是最初的我们。所以说，曾经的我们都是从上亿个游泳健将中脱颖而出，成为第一的！然后这颗种子再游回到“客厅”——妈妈的子宫里安稳地住下来，慢慢发芽、长大，等到妈妈怀孕 40 周左右，我们长成熟了，再从妈妈的阴道来到这个世界，或者是在医生的帮助下通过切开妈妈的子宫来到这个世界。妈妈的子宫，是我们住过最温暖的“客厅”，在整个怀孕过程中，我们会长大 1000 倍，重量增加 20 倍！现在大家知道我们的妈妈是多么辛苦，多么伟大！

我们长大了——认识自己(女生篇、男生篇)

首先，我们要知道，为什么会有男生和女生的区别？这是因为男生和女生的生殖器官不一样。

性别之谜：

女生篇：

生殖器主要分为内生殖器和外生殖器。内生殖器在我们肚子里的。女生的内生殖器，我们前面已经学习过了，从外到内，分别是阴道、子宫、输卵管、卵巢。子宫的作用主要是孕育胎儿及来月经，卵巢的作用除了产生卵子小姐，还可以分泌女性激素，维持女性的功能。而外生殖器就是我们可以看到的。

从下图可以看到，女生的外生殖器包括阴阜，就是阴毛生长的地方，还有大阴唇、小阴唇、阴蒂、阴道前庭等，尿道口和阴道口都位于阴道前庭区域。尿道口在阴道口的上方，尿道口是小便排出的通道，所以要记住尿道口和阴道口并不在一个

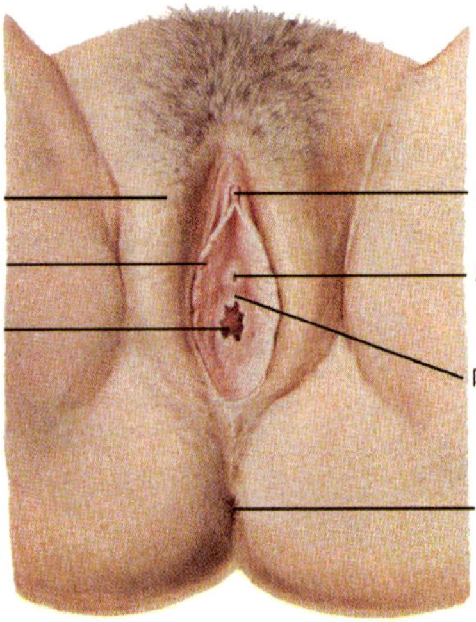

地方。阴道口上面有一层有孔的薄膜，叫作处女膜，之所以有孔，是方便月经的流出。处女膜的主要作用是可以阻挡有害细菌等进入到阴道。在骑马、跳高、武术等剧烈运动时可能会出现处女膜的破裂，向阴道放置药物等也会导致处女膜的破裂。

男生篇：

男生的外生殖器包括阴囊和阴茎。阴茎分为阴茎头，我们又称之为龟头和阴茎两部分。青春期前，包皮是把阴茎头全部包住保护起来的。当青春期发育加速后，或接近成熟年龄时，包皮就会逐渐向后退缩而露出龟头。

男生的内生殖器包括睾丸、附睾、输精管、射精管、尿道及附属腺。睾丸是男生最重要的内生殖器，是产生精子先生和分泌雄性激素的地方，呈卵圆形，有两个，存放在男生的阴囊内两侧。胎儿时期，睾丸在胎儿的腹腔中，出生后才下降到阴囊内，阴囊是保护睾丸的重要组织。附睾是附在睾丸上方，主要作用是贮存睾丸产生的精子先生，同时还可以给精子先生提供营养，促进精子先生的进一步成熟。输精管就是运输精子先生的管道，射精管就是排出精子先生的通路。

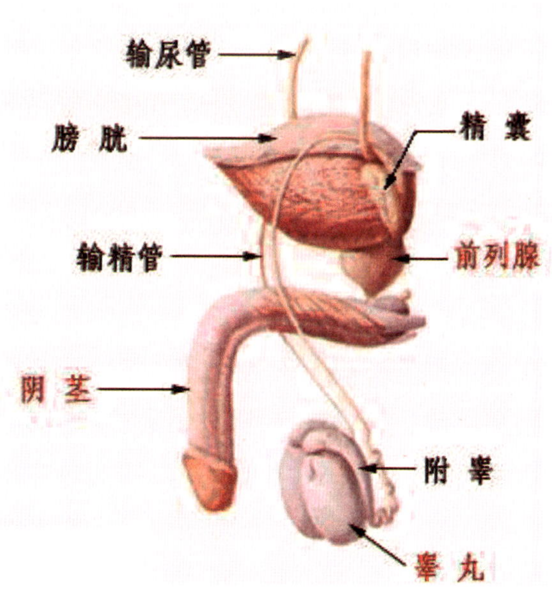

我们长大了：

我们先来看两个身边的小故事：

1、班里一个高个女同学从书包里拿书时带出来了卫生用品，被眼尖的小王同学看到，一把抢了过来，一字一顿地念着上面的字“××牌卫生巾”?“做什么用的？”引得全班同学哄堂大笑，而那个女生早已羞得满脸通红，恨不得找个地洞钻进去……

2、小明15岁了，有一天醒来发现自己内裤湿了小部分，他很紧张，以为是自己尿床了……

大家是不是觉得这两个故事很熟悉，这就是我们成长过程中遇到过的情况。

首先要恭喜大家长大了，进入到青春期了！世界卫生组织（WHO）规定青春期为10-19岁，是指由儿童期向性成熟期过渡的一段快速生长时期，是内分泌、生殖、体格、心理等逐渐发育成熟的过程。青春期是我们身体和智力发展的黄金时期！

女生篇：

青春期女生的发育，通常在10岁左右，乳房发育是第一个“信号”。女生胸部的一侧或两侧乳房会像芽苞一样突起，慢慢的乳房也会稍见膨隆，摸上去会有一个质地稍硬的块状物，这说明乳房内腺体开始发育，这时会伴有隐约的胀痛感。伴随着乳腺的发育，11-12岁女生身高开始迅速增长，平均每年生长5-7cm。到12-13岁时，女生的乳头周围一圈会出现类似铜钱大小区域的皮肤，颜色逐渐由淡褐色变为深棕色，这就是乳晕。

慢慢的体毛开始长出来，先是阴毛，然后是腋毛，腋毛的生长差不多与第一次月经来潮的时间一致。但是，也有些女生，即使到了性成熟阶段，甚至已经生育，她的阴毛、腋毛仍很稀少。因此，不要以阴毛、腋毛的多少或有无阴毛、腋毛，作为衡量女生是否正常发育的标志。由于青春期内分泌激素的变化，青春期女生的身体也会发生改变，脂肪组织开始在一定部位堆积，使胸部更丰满、臀部变圆、腰部相对较细，出现了女生特有的体态，表现出曲线美。

大约在 15 岁左右，女生乳房发育基本定型，这时要及时选戴合适的文胸。一般情况下，可以用软尺从乳房上缘经乳头量至下缘，上下距离在 16cm 左右时，即可选戴合适的文胸。

大姨妈的故事

话说有一天有个小女孩初潮来时，突然发现自己内裤上一摊血，纳闷一声：咦？（姨），然后紧张地大声喊叫：妈！这就是最古老的“大姨妈”名字的由来。

那么月经到底是什么呢？我们前面了解了卵子小姐从卵巢这个房间出来后在走廊输卵管里玩耍。而子宫远远看到了可爱的卵子小姐，也希望她来家里玩，于是子宫把家里的地板和四周都铺上了厚实的地毯，这就是变厚的子宫内膜。如果等不到卵子小姐，子宫只好把地毯全部撤掉，这就是子宫内膜的脱落，脱落的子宫内膜沿着阴道排出到体外，这就是月经。每个月卵巢都会排出一个卵子小姐，所以每个月会来一次月经。

一般到 13–15 岁，女生会来第一次月经，我们称之为初潮，这是青春期的重要标志。但是现在由于多方面的因素小朋友们的月经来得也越来越早，可能在 11–12 岁就来了。但是如果超过 16 岁还没有来月经就需要去医院就诊了。一般正常的月经周期是 21–35 天，每次月经持续时间为 3–7 天，一次月经的总失血量为 20–80ml。小朋友刚开始来月经时可能周期会不太准，没有关系，这是因为身体还没有完全发育成熟，等到 5–7 年后卵巢开始规律的产生卵子小姐，月经就会逐渐正常，有规律的月经是女生成熟的重要标志。

月经期注意事项：

· 每天用温水清洗外阴，每天更换内裤（平常也需要做到）。

· 使用清洁卫生巾，至少每4小时更换一次。

· 避免着凉，不吃生冷刺激的食物。

· 保持心情舒畅、情绪稳定。

· 保证足够的睡眠和休息。

· 进行适当的运动，避免剧烈运动。

男生篇：

青春期男生的变化，10–11岁睾丸、阴茎开始增大，3年左右阴茎变长至成人状态；11–12岁喉结开始变大，慢慢的阴毛开始生长；13–14岁声音变粗，乳头下有硬结，在性激素的作用下身体迅速增高，平均每年增长约7–9厘米，男生开始长高比女生稍晚，但是增长的速度比女生更快；14–15岁腋毛出现，一般在阴毛出现1–2年后，变声，出现勃起、首次遗精等现象；15–16岁阴囊颜色变深；16–17岁长胡须，阴毛分布呈菱型，肌肉变得更加发达，骨骼变硬，出现男生特有的体味等，这说明青春期男生发育已经开始向成熟迈进，成为真正的男子汉，17–18岁生长趋向缓慢，向成熟型过渡。

遗精—男生发育的里程碑

青春期男生的睾丸，除了会分泌雄性激素以外，还会有在梦中射精的情况出现，这种现象就是遗精，也叫做梦遗。出现这种情况的男生不要感到羞涩、不安和紧张，遗精是男生性成熟的标志，是一种正常生理现象。

俗话说："精满自溢"，这就好比一个水缸一样，里面的水储存满了，自然就会往外面溢出来。当精液充盈后，由于体内的精液储存过多，兴奋性增强，如果再有其他刺激，比如被褥压迫、内裤太紧、梦见异性等，都会发生遗精。精液和体内其他多种分泌物一样，会不断地产生，并不断地排泄，不会有因耗竭而影响男生健康的问题。相反，如果长时间不能排出，反而容易形成结晶或结石。但是如果男生 1–2 天就遗精 1 次，或一晚上遗精多次，有频发性遗精现象，就需要去医院就诊了。

如果出现频繁遗精，就要注意以下几点：

· 注意自己的生活起居，穿稍宽松些的衣裤，不要穿紧身内裤；晚饭不要吃得过饱，睡前用温水洗脚，脚部不宜盖得太暖，被褥不宜过重，并养成侧卧睡眠的好习惯。

· 注意心理卫生和精神调适，消除紧张、惊慌、恐惧、焦虑的心理状态，培养自己乐观、开朗、客观、冷静、坚强的性格。

· 多参加校内的各种文体活动，培养业余兴趣和爱好，适当帮助父母做些家务劳动。正常对待男生与女生之间的交际，不要把男生与女生之间的交往神秘化。

·节制性欲，最好戒除手淫。不看色情淫秽书刊和影视音像制品。逐渐戒除手淫，减轻思想负担，使心理逐渐恢复健康。手淫大多是在晚上，而这个时候正是生长激素产生的时候，由于手淫导致性激素大量分泌从而抑制了生长激素的产生，所以还会影响男生长高呢！

养成良好的卫生习惯，勤洗澡和勤换内裤，特别是阴茎包皮内和阴茎头的交接地方，这是最容易忽视的“卫生死角”，一定要每天清洗，以防感染。

作者简介

吴胜男

上海市第一妇婴保健院中西医结合科医师

上海市卫生健康委员会团委“医苑新星”健康讲师

上海市中西医结合学会科普专委会青年委员

中国中西医结合学会第九届妇产科专业委员会学术委员会青年委员

“达医晓护”科普品牌《知音中西》专栏主编

上海市优秀住院医师

美国认证协会（ACI）国际注册内训师（CEIT）

拒绝“开心”的诱惑
——谈毒品的危害性

拒绝“开心”的诱惑——谈毒品的危害性

长宁区精神卫生中心　李　晟
上海交通大学医学院附属新华医院　盛旭俊

《中国青少年健康教育核心信息及释义（2018版）》对应条款：

八、毒品严重危害身体健康安全，并具有很强的成瘾性，一旦沾染毒品很难彻底戒除。不应以任何理由尝试毒品。

（一）毒品（包括新型毒品和传统毒品）具有很强的危害性，新型毒品对青少年具有更大的欺骗性。

（二）毒瘾很难戒除，青少年不应以任何理由尝试毒品。

放学后，小明回到家，做完了作业去房间请妈妈签字，透过半掩的房门，又看见了妈妈和王叔叔在房间里“抽烟”，所谓的“抽烟”就是把一张亮亮的可以反光的纸放在火上加热，纸上有些“奶粉”，再透过好看的玻璃瓶把产生的烟雾吸入再吐出，每当这个时候妈妈就会叫小明出去不要看。越是不让看，小明就越好奇，因为吸完烟后妈妈和王叔叔都很开心，不仅不打他骂他了，还会给他零花钱。

因为作业没写，被老师批评了，闷闷不乐的小明回到家，想起妈妈说过“做人呢，最重要的是开心。”今天怎么才能开心呢？“咦？“奶粉”、玻璃瓶都在桌子上，不如我也来开心一下。于是小明学着妈妈的样子抽起了烟来。刚吸了几口小明就吐了，“一点也不开心”，头也晕乎乎的，不知不觉睡了过去，等他醒来，妈妈正泪眼婆娑地坐在床边看着他，玻璃瓶也被摔碎在地上。看到他醒了，妈妈拨打了 110，称自己吸毒，要自首。“吸毒？不是抽烟吗？”小明很困惑。

什么是毒品？

毒品一般是指使人可形成瘾癖的药物，这里的药物一词是个广义的概念，主要指吸毒者滥用的鸦片、海洛因、冰毒等，还包括具有依赖性的天然植物、烟、酒和溶剂等，与医疗用药物是不同的概念。

毒品种类很多、范围很广、分类方法也不尽相同。较常见的有：

大麻、可卡因、吗啡、海洛因、K粉、冰毒、摇头丸等。

还有近年来隐蔽性较强的第三代毒品，通常被伪装成各种零食，如：果冻、奶茶、跳跳糖、蘑菇等，以降低人们的警惕性，主打的宣传就是吃了之后让人兴奋，有快感。

毒品的危害

一、危害自身

（1）躯体依赖性，因反复用药造成的强烈的依赖性。

毒品作用于人体，使人体产生适应性改变，形成在药物作用下的新的平衡状态。一旦停掉药物，生理功能就会发生紊乱，出现一系列严重的反应，如：焦虑不安、忽冷忽热、起鸡皮疙瘩、流泪流涕、出汗、恶心呕吐、腹痛腹泻等，这些反应被称为戒断反应，使人感到非常痛苦。用药者为了避免戒断反应，就必须定时用药，并且不断加大剂量，使吸毒者终日离不开毒品。

（2）精神依赖性

毒品进入人体后作用于人的神经系统，使吸毒者出现一种渴求用药的强烈欲望，驱使吸毒者不顾一切地寻求和使用毒品。一旦出现精神依赖后，即使经过脱毒治疗，在急性期戒断反应基本控制后，要完全康复原有生理机能往往需要数月甚至数年的时间。更严重的是，对毒品的依赖性难以消除。这是许多吸毒者一而再、再而三，反复吸毒的原因，也是世界医药学界尚待解决的课题。

（3）影响寿命

据相关部门统计，吸毒者多数短命，一般寿命不超过四十岁。

（4）助长传染病

吸毒不仅严重损害吸食者的健康，还会造成乙型肝炎、丙型肝炎、性病的传播等公共卫生问题，其中最严重的是艾滋病的感染和传播。由于静脉注射毒品者常共用不洁注射器，造成艾滋病感染率极高，特别是吸毒妇女，更是传播和感染艾滋病的高危人群。

二、危害社会

（1）对家庭的危害：家庭中一旦出现了吸毒者，家便不成其为家了。吸毒者在自我毁灭的同时，也破害自己的家庭，使家庭陷入经济破产、亲属离散，甚至家破人亡。

（2）对社会生产力的巨大破坏：吸毒首先会导致吸食者身体疾病、影响生活，其次是造成社会财富的巨大损失和浪费，同时毒品活动还造成了环境恶化，缩小了人类的生存空间。

（3）毒品活动扰乱社会治安：毒品活动加剧诱发了各种违法犯罪活动，扰乱了社会治安，给社会安定造成了巨大威胁。

对待毒品，我们应该？

日趋严重的毒品问题已成为全球性的灾难。毒品的泛滥直接危害人类的身心健康，并给经济发展和社会进步造成巨大的破坏。据联合国的统计表明，全世界每年毒品交易额达 5000 亿美元以上，毒品蔓延的范围已扩展到五大洲的 200 多个国家和地区，而且全世界吸食各种毒品的人数已高达 2 亿多，其中 17–35 周岁的青壮年占 78%，近年来还呈现吸毒人群逐渐低龄化的趋势。作为小学生，我们应该怎么对待毒品呢？

1. 认识及分辨毒品：不了解的东西绝对不要随便吃，特别是这种东西还可以让人开心、兴奋。

2. 远离毒品：“吸毒一口，掉入虎口”，很多自信的人认为自己偶尔服用毒品，不会上瘾，但事实是只要沾染上了毒品几乎没有人可以单凭意志脱离。所以首要的事是远离，一点也不要碰。

3. 寻求正确途径帮助：在不知情的情况下被诱骗服用了毒品，应积极寻求正确的途径帮助自己，比如属地派出所、医院戒毒门诊等等，切忌讳疾忌医，以免延误治疗。

作者简介

李　晟

上海市长宁区精神卫生中心老年精神科　主治医师

上海市优秀志愿者

二级心理咨询师

多动孩子的情绪管理

多动孩子的情绪管理

上海嘉会国际医院　陈　菲
复旦大学公共卫生学院　钱梦岑

《中国青少年健康教育核心信息及释义（2018 版）》对应条款：

九、掌握科学的应对方法，保持积极向上健康心理状态，积极参加文体活动和社会实践，有问题及时求助，可减少焦虑、抑郁等心理问题和网络成瘾等行为问题。

（二）青少年要正确认识心理问题，保持积极向上的健康心理状态，热爱生活，珍爱生命。

2. 适当宣泄，有益于情绪舒缓。可以通过深呼吸或找朋友倾诉、写日记、画画、踢球等方式，将心中郁积的不良情绪如痛苦、委屈、愤怒等发泄出去。

3. 可通过转移注意，减少不良情绪对健康的损害。例如选择自己感兴趣的事情（读书、运动等），使心情慢慢好起来。

4. 充分沟通，可利用面对面、书面或网络等形式开诚布公地说出自己的真实感受，以及对方带给自己的伤害等，使自己放下思想包袱，释放不良情绪。

奇奇是个聪明的男孩，但他的本名其实并不叫“奇奇”，之所以获此“殊荣”，是因为他经常做一些奇奇怪怪的事情。例如：大家在排队等饭的时候，奇奇却一个人在队伍中大吼大叫，宛如“隔壁泰山”；上课时老师还没讲5分钟，奇奇就掏出了下课玩的毽子踢了起来，什么课都成了体育课；最要命的是，奇奇的功课是最奇葩的，写不了几笔就开始乱涂乱画，野兽派的作业让老师头痛不已……很明显，奇奇是个患有多动症的儿童。最操心的就是奇奇的妈妈了，对于奇奇她曾晓之以理动之以情，也会在生气时打骂孩子，但是都收效甚微。奇奇妈只得向专家

咨询，对于奇奇这样的孩子，该怎么办呢？专家告诉她，对于奇奇，应该要多“察言观色”。

多动的孩子往往还会伴有一些负面情绪问题，而这些情绪问题所衍生出来的行为却是平日里困扰孩子、家长和老师的最大问题。

心理学对情绪的定义是个体对本身需要和客观事物之间短暂而强烈的反应，是一种主观感受。情绪本身没有好坏对错之分，正面或负面情绪的出现是自身对需求得到满足或者没有得到满足时的一种生理反应，不同的情绪会转化为特定的表情、语言以及动作。

情绪是我们生存最基本的东西，我们在日常生活中发生的各种大小的事情，并非每件事都是很重要的，那么我们怎样分辨哪一件事是重要的呢？这时情绪就是我们的侦察器，一旦这个事情对我们很重要，我们自己的身体就会发出情绪的信号来牵动我们的注意力，提醒我们要迅速采取适当行动，例如感到很焦虑时，我们做事就会小心谨慎；感到恐惧时，我们就会回避危险；感到兴奋时，我们就会话很多，也更愿意和周围的同学聊天。

对多动的儿童来说，情绪的自我管理能力和控制能力比正常儿童要明显落后。

1. 这些儿童的情感在许多方面比较幼稚。家长往往会形容孩子像幼儿园儿童一样，时哭时笑；不喜欢做功课却喜欢和比自己小的小朋友玩；喜欢玩游戏机，却对重要的考试漠不关心……对这样的儿童需要更加耐心的帮助，多关心他们，尽量提高他们在情感效应方面产生作用。

2. 这些儿童往往不能控制自己的情感，加上一些家长性格比较急躁，教育儿童的方法不当，使得这些儿童容易产生逆反心理或者对抗情绪，这些孩子就会容易发生强烈的情感爆发，比如破坏物品、伤害别人等。

3. 有些儿童的多动症状并不明显，但会发生另一种倾向——焦虑。学习成绩不好，受到了家长老师的批评，内心就十分紧张，上课更不能用心听讲，学习成为他们沉重的心理负担，整天提心吊胆，害怕老师批评、同学们讥笑、家长惩罚，无法克服困难，矛盾重重，尤其是女孩子，症状会更加明显。

那么我们如何来帮助这些多动孩子改善情绪问题呢？

1. 帮助多动的孩子丰富他们的情绪词汇，用情绪万花筒来让这些儿童思考情绪，通过情景演示等方式鼓励这些儿童尽可能多的说出情绪的种类，让孩子学会“察言观色”、学会站在别人的角度来看待问题；也可以让这些儿童拿镜子来观察自己的表情，让他们体会自己生气时的身体变化，比如脸红、心跳加快、呼吸急促，就像刚刚跑完 100 米，通过这些训练帮助他们在刚开始生气时就及时识别自己的情绪并作出相应的调整，并且通过反复的练习让他们控制自己的情绪。

2. 帮助多动的孩子识别负性情绪，让他们充分发挥自己的想象，加强他们对不良情绪造成后果的认识。让多动症的儿童在出现不健康的情绪时，尽量用健康的情绪来代替不健康的情绪。负面情绪会影响人们的身体，比如愤怒的时候我们会身体发抖、会出现疼痛头晕的现象，手脚会发麻；当我们心情不开

心时，我们会睡觉不好、食欲不佳，帮助多动的孩子了解负面情绪对身体的伤害，从而调整他们的负面情绪。

3. 帮助多动的孩子了解积极的情绪，让他们体会积极情绪能够增加人们的记忆力、可以提高学习的效率和速度、提高注意集中能力、提升一个人学习的能力和空间、增加积极进取的心态。

4. 帮助这些多动症的儿童形成积极合理的信念，使用让情绪能够冷静的语言。多动儿童的一个特点是冲动往往难以自控，要让这些多动的儿童学会一些冷静的句子，如：这没什么大不了的，不就是被说一下吗？没必要和他们计较等。让多动的儿童进行消极和积极的想象转换，帮助多动儿童消除消极的情绪。

5. 帮助多动儿童增强移情能力，引导这些儿童学会欣赏别人的情感和反应。让多动症儿童积极评价周围人的情感，教会他们察言观色、体验别人的情绪，让多动症儿童学会换位思考，较快的摆脱以自我为中心，学会站在别人的角度去思考问题。还可以通过各种游戏的方式让多动儿童扮演不同的角色，可以通过“假如我是……”为题发表见解，体验别人的情绪。

帮助多动儿童学会情绪转移，烦恼时暂时离开这个环境去做一些自己喜欢的事情，比如：听听音乐或者到安静的地方散散步、打打球，使注意力转移到其他方面。用语言提示自己生气着急是解决不了问题的，反而会激发矛盾把事情搞得更糟。同时学会释放，通过情绪日记等方式把自己的情绪宣泄出来，在日记中畅所欲言。教育多动的孩子在学习中遭到失败、受到他人的嘲讽时，应该把失败看成对自己的考验和锻炼、把嘲讽当做是对自己的鞭策，化愤怒为力量，奋发图强。

因此对于处在生长发育期的多动儿童来讲，密切关注这些孩子的情绪问题可以起到改善多动孩子情绪，使他们融入社会并健全人格的良好作用。

作者简介

陈菲

上海嘉会国际医院儿科主治医师

共青团上海市卫健委医苑新星健康讲师

“达医晓护”科普品牌《Hello 早到的天使》专栏主编

上海市卫生健康委员会团委“医苑新星”健康讲师

美国认证协会（ACI）国际注册内训师（CEIT）

小朋友有话说

——校园健康征文拾贝

一等奖

一粒灰尘的旅行

徐汇区教师进修学校附属实验小学　沈思诺

我，是一粒小小的灰尘，总在大街上四处飘荡。有时我和兄弟姐妹们会攀在大树的身上，为她披上一件灰色的“罩衣”；有时我们会趴在小树叶的身上，让他没办法呼吸新鲜空气，而变得无精打采；有时我们会钻进小朋友的鼻子里，惹得他们直打喷嚏。下雨时，那些不懂事的小树叶们都张开大嘴，刚想畅快地痛饮一场，却在喝到雨水后大叫起来：“啊，怎么都是又苦又酸的汁水呀！”哦！这是酸雨！酸雨是我的兄弟，是含硫灰尘和雨水混合形成的。酸雨渗进了大树的根须里，大树妈妈的脸因为疼痛而扭曲着。没想到，我用十几年时间环游世界，回来时，整个城市都变得不一样了。洒水车每天在街道上不停地喷洒，我的许多兄弟姐妹们都被喷出的水滴“埋”进了泥土里，当我想把兄弟姐妹们从洒水车的“手”里“解救”出来时，我自己也被埋进了泥土里。这时，我才发现城市的雾霾天渐渐消失了，没有了煤的燃烧，我的含硫兄弟们早已不见了踪影。小汽车们都由电子来驱动，大街上再也没有汽车飞驰而过扬起的灰尘。街道两旁种满了又高又大的梧桐树，树干笔挺笔挺的，再也不像以前那样弯腰驼背了。小树叶们都穿着绿油油的外衣，整洁又干净，他们沐浴在和煦的阳光中，贪婪地呼吸着新鲜的空气，在微风的吹拂下欢快地跳着优美的舞蹈。有时下起大雨，那也是清甜的“甘露”，整个城市都尽情地吻吮吸着，变得更加生机勃勃…… 从前，我是一粒无家可归四处游荡的灰尘，人们都十分厌恶我。而现在，我被埋进了泥土里，仿佛进入了一个和谐友爱的大家庭，我们不仅可以在土壤中自由地生活，还可以滋养植物，为环境增添一份光彩。

医学专业评语

王　韬　　同济大学附属东方医院急诊医学部常务副主任，教授。中国医师协会医学科普分会医学传播工作指导委员会主委，中国骨质疏松防治联盟医学传播分会会长，上海市中西医结合学会医学科普专委会主委，中国科协“典赞–科普中国”十大科学传播人物。

呼吸系统疾病是一种常见病、多发病，病变轻者多咳嗽、胸痛、呼吸受影响；重者呼吸困难、缺氧，甚至呼吸衰竭而致死。由于大气污染、吸烟以及人口老龄化等因素，近年来呼吸系统疾病发病率明显增加。本文小作者从另外一种角度来提醒大家，我们在生活中更应重视绿色环保、减少大气污染，为环境增添一份光彩、为健康增加一份保障。

科普写作评语

谈　军　　徐汇区教育局安全事务管理中心主任

小作者通过拟人的手法，以一粒灰尘的旅行为线索，描写了灰尘污染对健康和环境的影响，以此来提醒社会加强环境保护，通过环境保护提升健康水平。小作者构思巧妙，文笔流畅，描写细致生动，使读者能在轻松之余学到知识，受到启发。

保护乳牙宝宝　预防蛀牙

东二小学　王希丞

妈妈告诉我乳牙宝宝和恒牙君是先后服务于我们口腔的两批爱岗敬业的好员工。虽然乳牙宝宝是临时工，恒牙君是终身制员工，但是保护乳牙宝宝的工作不能忽视。首先一口烂牙很难看，影响颜值；其次牙疼无法咀嚼，长期使用同一边吃东西，会变“大小脸”的哟！再次牙齿不好，这个不能吃那个吃不了，营养跟不上！最后想象下当恒牙君从暗无天日的骨头里冒出来刚想感受一下口腔这一新环境，却无奈地发现自己已经跌入细菌的大染缸……乳牙宝宝要是提早下岗或是赖着不走，恒牙君会站错位，这样以后你的牙齿就会长得歪歪扭扭的……妈妈还告诉我远离蛀牙最核心的方法就是预防，补牙只是一种补救的措施。糖和细菌是引起蛀牙的罪魁祸首，所以预防蛀牙我们除了要少吃糖，认真刷牙，还要及时给我们的乳牙宝宝涂上一层保护漆——氟化物，来抵抗“糖衣炮弹”的威胁。还有一种保护衣有个洋气的名字叫“窝沟封闭”，它的原理很简单，就是把我们牙齿上的沟填平，不让细菌入侵。一旦发现蛀牙要及时去医院治疗，蛀牙不会像感冒那样自愈，只会越拖越糟糕，牙齿蛀掉后还会——引起牙髓炎、根尖周炎等各种炎症，早一天治疗，就早一天康复。小朋友们应该每三个月去医院检查一次牙齿，这样就可以达到无病预防，有病早治的目的。我们的口号是：“没有蛀牙！争做新世纪的颜霸！”

医学专业评语

王　韬

“终身制员工”和“临时工”，这两个词将恒牙和乳牙的功能做了幽默而又准确的比喻。提醒读者，乳牙作为“临时工”虽然临时，跟随孩子的时间比较短，但是它对之后的恒牙生长起着非常重要的作用。它们除了行使咀嚼基本功能外，还起着引导颌骨、恒牙发育，建立正确咬合关系的重要作用。所以为了孩子们的口腔健康，我们同样应该重视乳牙的保护。

科普写作评语

谈　军

小作者以蛀牙的危害为写作题材，描写了蛀牙危害人类健康的主要方面。从妈妈传授了解牙病防治知识，也符合儿童获取知识的特点，具有真实感和可信度。小作者对牙病的描写生动形象、比喻恰当、描述细致，极富童趣，有较强的可读性，能激起同龄小读者的阅读兴趣。

一副眼镜的自传

徐汇区教师进修学校附属实验小学　杨欣月

我是一副近视眼镜。一天，小主人的妈妈和小主人把我从眼镜商店里领了回来。我开心得乐不可支，终于可以和小主人朝夕相伴啦！ 过了几天，小主人去眼科医院复诊，听医生说，小主人如果能够更加爱护眼睛，是有很大希望康复的。听到这话，我的心情真可谓十五个吊桶打水——七上八下：如果小主人康复了，我就不能在她身边了；而如果她的治疗失败了，她会有多么伤心哪！嗯……虽然我有可能离开小主人，但是如果能让小主人的视力不再下降，对我来说还是应该庆幸的呀！从那天起，小主人遵循医嘱，在庭院里放置了十来种绿色花卉盆景，每天浇水观赏，放松眼部肌肉；做作业，看书也注意正确的坐姿，保持“一尺一拳一寸”（眼睛和书本距离保持一市尺、胸部与书桌距离一拳、手握笔距离笔头一寸）的规范；还总把我轻轻摘下，做眼保健操；注意不在光线特亮或弱暗的环境看书、写字；每天早睡早起……时间就这样悄悄地过去了。又到复诊时，医生先给小主人做了视力检查，对她说：“孩子，你的视力已逐渐恢复。不过，要记得多吃含有维生素 A 的食品，例如胡萝卜，它可以缓解眼部疲劳。特别注意不要长时间看电脑、玩手机哦。""谢谢您，医生，我会多加注意的。"我的耳边传来小主人银铃般清脆响亮的声音，我知道她在开心地笑。那天过后，小主人更加爱护眼睛了。她经常会吃胡萝卜、韭菜等食物，为了让眼睛湿润，也会多喝水、眨眼睛。一天，小主人又去复诊了，这也是她最后一次去医院复诊。医生照常检查了小主人的眼睛，这次小主人终于把近视"赶走了"，这也宣布了我的"退休"。平淡的生活又开始了，我被小主人安放在了她的书桌上，每天我都能看到小主人快活地掷飞镖、打弹珠、吹口琴、背诗词，或者安静地看书、做作业，我心里总觉得暖洋洋的。愿所有的孩子都能注意用眼卫生，养成科学用眼的好习惯，不被近视所困恼；祝所有的少年儿童都健康成长，都有明亮的眼睛！

医学专业评语

徐仲卿　　上海交通大学医学院全科医学系副主任，上海交通大学医学院附属同仁医院全科医疗科行政主任，主任医师，中国医师协会医学科普分会医学传播工作指导委员会副主委。

假性近视在青少年中非常常见。长期用眼过度、缺乏维生素如维生素 A，以及经常上网等都可能会导致青少年的假性近视。如果不及时纠正眼疲劳，补充必需的维生素，可能会导致假性近视演变成真性近视。通过这篇科普小文，作者告诉了大家假性近视的小朋友需要经常放松眼部肌肉、补充维生素 A、多做眼保健操等。假性近视是能够恢复正常的，这是具有医学依据的。

科普写作评语

柳　颖　　徐汇区教育局安全事务管理中心 学校卫生工作具体负责人

小作者以拟人的写作方法从眼镜的视角讲述了眼镜的小主人是如何爱护眼睛，在日常生活中注意用眼习惯，远离近视烦恼。以一副眼镜的经历为切入点，形象生动地告诉了读者如何正确地爱护眼睛，告诉我们在日常生活中哪些食材、哪些方法对于改善视力是有帮助的。小作者向读者介绍了与青少年健康相关的眼科知识和良好的用眼习惯。文章描写细腻、生活气息浓厚，真实有趣，主题鲜明。这样通过间接的科普讲述比直白的医学教授更容易让低龄儿童接受和学习，也能更好地达到感化、指导理解身体健康是第一位的目的。

我的太外婆

高安路第一小学　胡芸嘉

我的太外婆今年已经 91 高寿了，她有些驼背，也曾经裹过小脚，每次我去看望她，只要在门口喊一声，“太外婆，我来看你啦！”她都会立即笑呵呵地迎出门，并像个孩子一样拉着我的手开心地摇晃，再抱一抱我，太外婆的怀抱是温暖的、有力的。我的太外婆胃口可好了，每次去饭店吃饭都能陪着我们从头吃到尾，从冷菜、热菜、主食、点心直到甜品，一个都不落下。外婆悄悄告诉我，太外婆这样吃，居然每年的各项指标都很正常，没有“三高”(指血压、血脂、血糖)。有一次我忍不住问：“外婆，我看您每次去看望太外婆都带着酸奶，是不是真像广告里说的，‘这是长寿村的秘密’？太外婆的身体那么好，是不是就是喝这个酸奶的原因？那我也要多喝酸奶，让身体棒棒的。”外婆听了呵呵直笑，点了点我的小脑袋说：“如果你真想知道，现在刚放暑假，你可以和太外婆住一起，好好观察一下太外婆的生活吧。”第二天我就成了太外婆的小尾巴。太外婆起得好早啊，我刚揉着眼睛挣扎着从床上爬起来，太外婆已经在厨房准备好了早餐，原来太外婆每天早上和晚上临睡前都要空腹喝一碗粥汤。吃完早餐后，就见太外婆坐在阳台上，拿出一把牛角梳，一下一下地梳着头发。太外婆告诉我，这是在按摩头皮，她每天早晚一次各梳一次，每次都梳一百下。哇！一百下，而且是每天！“我来帮您吧，太外婆。”我接过了梳子，轻轻地梳了起来，阳光照在太外婆的脸上，她笑眯眯地很享受的模样。晚上太外婆睡得很早，临睡前她都要打上一桶热水泡脚，我急忙跟上去抢着帮太外婆搬水。“水好重阿，太外婆，我们平时不在，您这样天天搬能行吗？”我担心地问。“正好运动运动腿脚，而且天天搬就习惯啦。”我搬了个小凳子，坐在了太外婆的面前，帮太外婆卷起了裤腿，一边帮太外婆洗着脚，一边说：“太外婆，现在我终于知道您为什么身体那么健康了。您每天坚持养生锻炼，一天两天容易，每天坚持，真厉害！”太外婆摸摸我的脸蛋，笑着说道：“我是因为有你们这些孝顺的子女小辈们，心情愉快才长寿的呀！”我搂着太外婆的脖子，靠着太外婆的头，心里甭提有多开心了。

医学专业评语

徐仲卿

身体健康需要有健康的生活与行为方式。健康的生活与行为方式，包括均衡的营养、充足的睡眠、适当的运动、良好的心态等。通过这篇短文，太外婆每天早睡早起，具有充足的睡眠，每天喝粥汤，保持均衡的营养，每天搬水，是高龄老人的适当运动，而且经常笑嘻嘻，具有良好的心态。太外婆健康的生活与行为方式，也是她身体健康与长寿的重要原因。

科普写作评语

柳　颖

文能言声，此篇文章，构思巧妙，文中的小主人公不仅仅充满着对生命的敬畏之情，更蕴涵着追求真理、探求真相的求真精神。作者善于观察生活，能敏锐地捕捉到一个个有意义的瞬间，并加以点染，用清新活泼的语言，生动展示了当代小学生积极向上的精神风貌。文中通过与太婆婆相处的经历，告诉我们：只有养成良好的生活习惯，加强锻炼，持之以恒的以科学之道养生，健康、长寿不再遥不可及。这篇文章把科普知识融入到日常生活中，如此切身的生活经历，更易引起读者的感同身受。这也是这篇科普短文的成功之处。

二等奖

流鼻血的处理

田林第三小学　山思佳

我是我们班的卫生员，同学不舒服或者受伤了都会由我先检查，再陪同一起去卫生室找卫生老师。这学期，我们开设了健康课，其中有一堂课，我记忆犹新，讲的是鼻出血的止血方法。作为卫生员，少不了和班级中鼻出血的同学打交道。在学习这堂课前，我也有过给同学处理鼻出血的经历。记得有一次，一位同学鼻血像涓涓流水一样从鼻孔里流出来，滴到衣服上、地上，我内心很慌张，流鼻血的同学更是惊慌，这时血像开了闸的水龙头一样，不断得流下来，我们俩匆匆用纸巾塞住鼻孔，去找卫生老师处理。在卫生室一小会儿，他的鼻血就止住了。健康课上，卫生老师将当时的止血方法教给了我们，首先，鼻出血者需保持镇定，坐端正，头不后仰，其次，用手指在出血侧压迫鼻翼上的动脉，再使用干净纱布塞进鼻孔止血，最后用冰袋敷在额头或颈部。卫生老师还纠正了错误的方法，比如用纸巾或者棉花塞进鼻孔，会将细小的纸屑或者棉屑留在鼻孔的伤口处，有可能造成二次出血。回想到当时，我们那么紧张，可能会使鼻血流得更多了。我想，这次的课真得让我受益匪浅，明白了作为一个卫生员，更应该学好相关知识，把课堂上的知识运用到实际中，这样我就能更好地为同学们服务了。

医学专业评语

施佳华　上海市黄浦区体检站副站长，副研究员，中国科普作家协会医学科普创作专委会委员，上海市中西医结合学会医学科普专委会委员。

在日常生活中，常常会遇到流鼻血这样的突发事件。如果处理不恰当，非但不能立刻止血，还有可能造成不良后果。比如仰头会使鼻血流入食道和胃部，造成恶心呕吐；塞纸巾可能造成感染，产生炎症。文章中，小作者描述了卫生老师处理同学流鼻血的正确方法：调节心态放松，冷静清醒应对；头部微微前倾，用食指和拇指紧捏鼻翼按压并用纱布止血；用冰袋在额头或颈部（鼻根）冷敷加快止血，同时也指出了流鼻血时常见的错误处理方法。这是一篇很好的医学科普文章，引导了大家如何把学习到的医学理论知识运用到生活实践中去。

科普写作评语

薄禄龙　医学博士，科学松鼠会资深成员，第二军医大学长海医院麻醉学部主任助理，副教授，上海市科普作家协会理事，上海市“优秀科普作家”称号获得者，《健康留言终结者》等科普图书作者。

文章开题以事例入手，描写一位同学鼻出血的经历。能够巧妙地运用比喻，将流鼻血比喻成“涓涓流水”，又“像开了闸的水龙头”，显得十分生动，给读者强烈的画面感。文章后半部分，回归到流鼻血的科学处理上，还能恰到好处地指出错误做法。在文章结尾，主题进一步升华到如何将知识运用到实际当中。

我家的健康卫士

上海师范大学第一附属小学　历新玮

说起我家的健康卫士，可真了不得：她不光给了我一个健康快乐的家，还守护着许许多多小朋友的健康。这位健康卫士就是我的妈妈。我的妈妈是一名儿科护士，她会的本领可多了，不仅会打针、挂盐水，还会血透、心肺复苏。每年都会有上百个小朋友经过妈妈的紧急抢救，脱离生命危险，恢复健康。妈妈的工作很忙，一天到晚都在医院，很少有时间陪我玩、陪我做功课。但我想到这么多小朋友因为妈妈的护理恢复了健康，我觉得她的工作非常有意义，我为她感到自豪。

妈妈是个爱干净的人。有时我放学回家刚推开房门，还没看到她人，就听到她在喊：“你的手太脏了，都是细菌，快去洗洗！”妈妈说“病从口入”，为了健康一定要多洗手、勤洗手。妈妈还有一手绝活，就是烧菜像变魔术一样。她烧的菜色香味俱全，荤素搭配，营养均衡，我叫她“大厨”。你看，不一会儿，妈妈就烧好了香气扑鼻的毛蟹炒年糕、碧绿爽口的白灼生菜、酸酸甜甜的罗宋汤……我想我长得这么结实，离不开妈妈的功劳。

我爱我的妈妈！

医学专业评语

施佳华

在工作中，小作者的妈妈作为一名儿科护士，忠于职守，勤奋工作，帮助许多小朋友脱离死亡危险，守护着孩子们的健康。在生活中，妈妈不仅注重干净，还是一位“家庭营养师”，精心照顾着小作者的饮食起居，守护着自己孩子的健康。字里行间，小作者通过展示妈妈作为一名医务人员在工作中无私奉献的精神，以及母子之间深厚的感情和妈妈为家庭带来的健康快乐，诠释了“健康卫士”的真正涵义，即：不仅守护身体健康，更是心理健康的守护者。

科普写作评语

薄禄龙

用讲故事的口吻，描述了我的妈妈这位健康卫士。通过讲述妈妈的工作，行文中罗列了妈妈维护健康的各项事例，完整塑造了一个全面多能的好妈妈。作者能恰当地使用排比句，文末那可口的饭菜仿佛真的在大家眼前一样。

吸烟的害处

漕河泾新兴技术开发区实验小学　王薇淇

从前，在一个人的体内发生了这样一个故事。有一天，肺肺来到心心家玩，心心打开门，看见肺肺变黑了许多，心心感到很奇怪，好奇地问：“肺肺，你这是怎么了，几天没见怎么变得那么黑？”肺肺愁眉苦脸地说：“我也不知道，昨天早上我就变成这样了，怎么洗都洗不干净，而且前段时间我总闻到一股奇怪的味道。”心心拉着肺肺的手，关切地说：“那我们去找鼻子医生看看吧！”“好！”肺肺点了点头，他们就去找鼻子医生了。到了医院，心心问鼻子医生：“医生，肺肺这是怎么了，一下子变得这么黑？”鼻子医生满脸愁云地说：“哎，最近烟坏坏又来捣蛋了，现在肺肺生病了，严重的话连你和胃胃也会生病的，那可就出大事了！”“好可怕啊，那我们该怎么办呢？”肺肺担心地问。“我们应该让主人不要和烟坏坏来往，多吃新鲜水果和蔬菜，还要让主人天天锻炼。”心心回答说。鼻子医生点点头，说：“没错，我们应该让主人远离烟坏坏，增强锻炼，养成健康的生活作息，让我们也能在舒适的环境中发挥自己的作用！”看完医生回家，心心和肺肺向大脑哥哥发出了信号，提醒主人不要再抽烟。一段时间后，肺肺发生了很大的变化，身上的黑斑点慢慢地退了下去，变得漂漂亮亮。肺肺可开心了，说："远离烟坏坏，生活才会变得更美好！"

医学专业评语

盛旭俊

海南省澄迈县人民医院执行院长，上海新华医院医务部副主任，泌尿外科副主任医师，中国骨质疏松防治联盟医学传播分会副会长，人民网"科普中国"科学顾问。

烟从口吸入，经过口腔、咽喉、气管、支气管、肺进入血液里，所以吸烟对呼吸道危害最大，很容易引起喉头炎、支气管炎、肺气肿等疾病。香烟烟雾中所含的焦油是致癌物质，吸烟者呼吸道的任何部位都有发生恶性肿瘤的可能。烟叶中的烟碱是另一种有害物质，烟碱也叫尼古丁，是一种神经毒素，主要损害人的神经系统，吸烟后神经肌肉反应的灵敏度和精确度均会下降。在烟草的烟雾中，一氧化碳含量很高，吸入人体后会导致大脑缺氧，久之会使大脑受到损害、智力受到影响、思维变得迟钝、记忆力减退。本文采用童话拟人的叙述方法将吸烟的危害通俗易懂地表达出来。

科普写作评语

薄禄龙

童话是深受小学生喜爱的文体。童话的创造，更能体现作者的奇思妙想。这篇科学童话，将身体里的紧挨相邻的肺脏和心脏，比喻成串门的邻居。期间发生的对话，既符合逻辑，又生动有趣。无形中，向读者传递出为什么要戒烟的这条讯息。

健康身体伴我追逐“诗和远方”

汇师小学　沈骁涵

“腰疼腿麻腰椎痛，一步一步再加重！”这句广告词，我可以脱口而出，因为电视里总是不断循环地播放着这个广告，我想，这肯定是因为我们身边患颈椎、腰椎、膝关节疾病的人越来越多。那为什么会这么多？问题又出现在哪里呢？我决定去一探究竟，向我的老爸讨教讨教，妈妈说他的工作跟脊柱骨头打交道。我刚抛出这个问题，爸爸就开始做报告了：“你看，你妈妈经常嚷嚷着颈椎疼，你知道这是什么原因么？因为她经常机不离手，久坐不动，这对人体的颈椎、腰椎是相当不利的。我们人体脊柱中的颈椎和腰椎都有一个向前的生理弧度弯曲，所以要想保护好脊柱，久坐办公室的人要记得多仰头和挺腰，切忌低头和弯腰。对于体力劳动者需要搬重物的时候，要尽量下蹲挺腰搬，就像举重运动员一样。还有我们的膝关节也是需要爱护的哦，现在我们身边有很多经常跳广场舞、旅游爬山的朋友，其实在跳舞和爬山的时候，对膝盖的关节软骨损伤还是很大的。旋转跳舞和弯曲爬山的时候膝关节所受压力会增加几倍，日积月累就变成骨关节炎了，所以运动也要适度，不能过多的挥霍你的膝关节哦。那我来考考你，你知道保护膝关节最好的运动方式是什么呢？”我想了想，幽默地说：“那只能躺着了。”爸爸听完哈哈大笑，他说：“是平地快走和游泳，这样既锻炼了身体又保护了关节，两者皆得。”

这是我在暑假学到的健康小知识，希望可以帮助需要的人们，我们要爱护我们的脊柱和关节，只有拥有健康的身体，才能去追逐“诗和远方”！

医学专业评语

盛旭俊

文章通过家人之间的对话，把日常生活中常见的颈椎腰椎病和膝关节的保护说得很明白。脊椎病中以颈椎和腰椎病较为常见，发病率越来越年轻化，该病多表现为颈肩酸痛、腰骶部酸痛、下肢疼痛等，对患者生活质量造成影响。颈椎病与颈椎椎管狭窄、不良睡眠体位、颈椎超量运动等因素有关。腰椎病最基本的病因是腰椎间盘的退行性改变，椎间盘的弹性与抗负荷能力减退，髓核组织脱出造成神经压迫引起的一系列症状。膝关节是人体的承重关节，也是最易损伤的关节之一。最常见的膝关节疾病有骨性关节炎、滑膜炎、半月板损伤等。

科普写作评语

薄禄龙

从熟悉的广告词入手，作者引出问题：为什么关节疾病的人越来越多？通过向爸爸的讨教过程，既传递了如何保护脊柱的医学知识，又展现了与爸爸一起讨论的对话过程。行文流畅、标题新颖，令人遐思。末尾一句“只有拥有健康的身体，才能去追逐‘诗和远方’”，更是令人莞尔。

“红果”的秘密

上海小学　张芷青

我的妈妈是一名教师，工作很累，下班以后还要批改作业，眼睛总是感到酸酸的。妈妈经常拿着眼药水滴啊滴，不仅如此，她每天都要泡上一杯茶，茶里有菊花，还有几颗红红的果实。咦？这红红的果实是什么呀？妈妈神秘地说：“这是让我的眼睛明亮起来的法宝！”法宝？这几颗红红的果实就能让眼睛明亮起来吗？这个问题一直困扰着我。

直到前不久我去了宁夏旅游，我才知道了这些红果的秘密。这些红果有个好听的名字，叫做枸杞。宁夏是中国枸杞之乡，据说这里的枸杞全国闻名呢！那为什么眼睛疲劳要吃枸杞呢？带着这个问题，我去了枸杞园。解说员姐姐解答了我的疑惑。原来，枸杞中丰富的维生素 A 可以帮助生成让眼睛更明亮的营养物质。这么好的红果，我也要喝一口。我端起茶杯，闻了一下，枸杞茶并没有什么特殊的味道；再尝一尝，茶进入口中也没有茶叶的苦味，相反，慢慢地尝到了甜味呢！我边听着解说员姐姐介绍枸杞的其他功效，边情不自禁地又喝了一口。听妈妈说，枸杞是人们日常生活中最常见的保健品之一，价廉物美，食用起来也方便，不仅可以泡茶，烧汤，干吃也可以，难怪我经常看到很多人都会泡枸杞茶呢！我真为我们伟大的中华医药感到骄傲啊！

医学专业评语

钱梦岑

复旦大学公共卫生学院，讲师。美国Lehigh Univeristy 经济学博士。入选上海市晨光学者。

这篇科普短文从很生活化的例子出发，介绍了枸杞的功效与食用方法，作者对“红果秘密”的探寻贯穿于全文，使得文章生动有趣。由于枸杞中富含胡萝卜素，摄入后经消化可以转化为维生素A，有益于眼睛健康。我国多部传统医药典籍都曾记载过枸杞子的效用，现代药理学也证实了枸杞的多种功效，包括增进免疫、调节血糖等。作者能从身边小事出发，探寻医药相关知识，并感悟传统中医药的博大精深，令人欣慰。

科普写作评语

薄禄龙

作者注意观察和体悟生活，首先从妈妈喝水泡“红果”这个细节入手，自然而然地引出疑问。接下来，通过回忆性描述，讲述一段自己的亲身经历，从而将“红果”枸杞的营养价值娓娓道来。最后，作者进一步延展，赞叹并骄傲于中华医药。这是一篇较好的医药科普文章。

吸烟是危害自身健康的头号杀手

东二小学　彭赟麟

校会课上，卫生老师向我们宣讲“吸烟有害健康”。看着宣传画上“老烟枪”们被熏得黑乎乎的肺，听着卫生老师列举的吸烟的种种危害，我的脑海中立即浮现了爸爸吞云吐雾的情景。“饭后一支烟，快活似神仙”是他的口头金句；“压力有点大，抽一支放松放松”则是他的招牌借口。每天爸爸送我去上学前，我都会看到一缕青烟袅袅升起，伴随着一股难闻的味道向我袭来，我不得不被动地吸入这些有害的二手烟，让我头晕气短。我一定要劝说爸爸戒烟，以下是我规劝的理由：首先，有研究统计，平均多抽一支烟，就会使寿命减短 7.4 秒。别看这 7.4 秒似乎不值一提，烟民们从染上烟瘾算起，每天吸上数支甚至数包，日积月累，这个数字就很可怕了。此外因吸烟而罹患肺部恶性肿瘤、呼气功能障碍、患冠心病的风险成倍增长。吸烟真真称得上是危害自身健康的头号杀手。其次，当烟民们自顾自地吸烟时，影响到他们周围的被动吸入二手烟的人，他们受到烟的危害会比吸烟者更胜。长期吸入二手烟的人，尤其是妇女和儿童，患肺癌的概率大大增加，对孩子的智力发育也有明显的影响。有人做过一个二手烟的动物实验：把三只活蹦乱跳的小白鼠放在一个小盒子内，仅仅用了三支香烟的烟雾，10 分钟内，小白鼠就全部死亡了。

这个结果让人不寒而栗。再次，香烟中的有害物质尼古丁，会让人产生依赖，也就是成瘾性，会使人越来越离不开香烟，直到精神萎靡，不能自拔。综上所述，我希望我的爸爸可以采纳我的意见，相信科学，为了家人，也为了自己，尽快地和香烟这个坏朋友一刀两断，成为阳光、健康的好爸爸！

医学专业评语

钱梦岑

作者使用多个例子有层次地阐述了二手烟对健康的危害。科学证据已充分说明，无烟环境对公众健康具有重要意义。我国多地已执行禁烟政策，但知晓率仍较低，公众对于吸烟危害的意识较为淡薄。在世界卫生组织的相关建议中，实施健康教育以降低家庭环境中的二手烟暴露是非常重要的行动策略之一。正如作者所表达的，希望大家都能从身边做起，为共同创造一个无烟环境增进公众健康而努力。

科普写作评语

薄禄龙

小作者语言诙谐，将一个具有抽烟恶习的爸爸，活脱脱地展现在大家面前。比如，“脑海中立即浮现了爸爸吞云吐雾的情景”“我就会看到一缕青烟袅袅升起，伴随着一股难闻的味道向我袭来”。作者紧紧抓住吸烟尤其是二手烟的危害，通过详细列举的方法，层层递进，从多个层面揭示吸烟的严重后果，让读者瞬间就能明白吸烟对健康和生命的危害。最后，作者通过提建议的方式，希冀自己的爸爸要相信科学，尽快地戒烟，展现了小作者对家人的关爱。

三等奖

健康中国梦

高安路第一小学　徐菲阳

未来的健康中国是什么样的呢？暑假里最火的一部电影《我不是药神》似乎给了我答案。这部电影反映的是2003年中国的医疗问题，慢粒白血病是一种无法根治的免疫系统疾病，只能靠药物来控制，而有针对性的特效药，其价格之高可以托垮一个家庭。时至今日，还是有很多人每年都在被那些不治之症折磨着。我畅想中的未来健康中国，必然是要人民经济富裕，看得起病、吃得起药。电影里有一句台词让我记忆深刻："有一种病，永远也治不好，那就是穷病！"我相信我们的祖国，未来会实现全民富裕，不再有穷人，社会福利保障制度完善，那是我们每一个人的中国梦！ 我畅想中的未来健康中国，必然是医疗科技发达，无数疑难杂症被攻克。电影里的慢粒白血病，最可怕的就是，就算你有再多的钱，吃再好的药，也只能控制病情，而非根除。"生病并不可怕，可怕的是生了病却永远也治不好！"我希望未来的中国，再也没有治不好的病！ 我畅想中的未来健康中国，必然是人与自然的和谐共存。

电影里，每一位白血病患者都常年戴着口罩，有一句台词："他们都是白血病患者，不能接触有菌环境。"我相信城市里的雾霾、汽车的尾气、工厂烟囱排出的废气，在未来的健康中国里必然会被解决，到那时候，让我们多做几次深呼吸吧，吸入的都是清新的空气，浸彻心扉！

我亲爱的朋友，我畅想的未来健康中国，和你的一样么？让我们从我做起，一起努力吧！

医学专业评语

居宇峰　　上海第七人民医院骨伤科主治医师，医学硕士，上海科普作家协会会员，人民网“科普中国”科学顾问，国际AO Trauma 会员。

这篇科普文章让我非常感动，通过对现实生活中看病贵、看病难、很多疾病无法彻底治愈，以及环境污染等一系列问题进行美好的憧憬。希望在医疗资源面前人人平等、目前的医学难题都将被攻克、人们不再会被病魔所困扰。字里行间透露着小作者朴实而美好的愿望，他们是医学事业未来的希望，童年的愿望可能就是他们一生奋斗的动力，衷心希望他们坚持自己童年的理想，健康成长为人类医学事业奋斗终生。

科普写作评语

薄禄龙

作者的观察视角很独特，通过回顾一部电影，引出想要憧憬的话题。在行文上夹叙夹议，既表达了对健康中国的畅想，也表达了对未来生活的美好期望。这篇文章能紧紧抓住电影所表述的核心，围绕如何攻克疑难杂症来展开论述。文末发出号召与呼吁，鼓励同龄人一起努力。

科学饮食的重要性

漕河泾新兴技术开发区实验小学　孙悦著

我的爷爷和奶奶是一对长寿老人，他们两个都已年过八旬。俗话说“家有一老，如有一宝”而我们家有两宝。关于他们的长寿经，相信你一定很想听听。

我的爷爷人称许教授，他长得高高瘦瘦，目光炯炯有神，永远都看着神采奕奕，而奶奶正好相反，圆圆胖胖的身材，圆圆的脸圆圆的眼睛，我总说她像个“球球”。爷爷身体非常硬朗，感冒发烧都很少有，而奶奶经常要去医院检查身体，她有高血压、糖尿病等好几种病。经过我的仔细观察，终于发现他们健康差异的原因。爷爷的生活非常有规律，早睡早起，饮食非常清淡，说话也不紧不慢，性格开朗。做饭时都拿着本书，严格按照科学配方做饭，还经常告诉我吃饭一定要细嚼慢咽，少油少盐少糖，饭后要走动，这些有益身体的道理。而奶奶比较任性，晚睡晚起，不爱运动，吃东西也偏爱大鱼大肉，性格也容易激动，要不是爷爷天天控制她的三餐，她都要胖得走不动路了！从爷爷的科学饮食中，我收益很多，我们青少年正处于身体成长的时候，一定要科学饮食，经常锻炼，才会拥有健康的身体。

医学专业评语

居宇峰

该科普文章写得生动有趣，通过对自己爷爷和奶奶的生活饮食规律进行描述和对比，揭示了饮食习惯对身体健康影响的重要性。有很多人就像这位奶奶一样，处于亚健康状态。高盐、高糖、高油饮食，却很少运动，很容易成为“三高人群”（高血压、高血糖、高血脂）。作息时间不规律会使我们错过肝脏排毒、机体修复等最佳时间段，情绪起伏不定容易发生心脑血管意外。小作者通过对比描述告诉大家要像他爷爷那样更健康的饮食和生活、改掉奶奶的这些不良生活习惯，为我们的身体健康负责。

科普写作评语

薄禄龙

写身边的人和事，在小学生作文中很常见。作者细致刻画了家中两宝——爷爷和奶奶，让他们的形象具体生动。更有意趣的是，作者采用了前后对比的形式，将两个身材、饮食、性格大为不同的人，展现地淋漓尽致。只有热爱生活的人，才能写出如此生动的人和事。文中传播的科普知识，令人感动，也令人信服。

人人都应该学会心肺复苏术

汇师小学　王美之

我认为除了自己的身体和心理健康以外，还应该学习足够的急救知识和方法，当意外发生时，除了自救还能利用急救知识帮助那些需要帮助的人们。

这个暑假，我参加了王佑佳妈妈组织的雏鹰假日小队活动——荒野求生。这个活动在浦东世纪公园里举行，工作人员教会了我们用镁和刀片来生火；在野外搭建帐篷；制作急救软担架和施行心肺复苏术。实施心肺复苏术可以用三句口诀来总结："环境安全""叫叫看摸""30 比 2"。首先，救人前先要确定环境是否安全。如果在一个不安全的环境下施救，有可能自己也会遇到生命危险。其次，"叫叫看摸"。第一个"叫"是轻拍晕倒的人的双肩，并叫道，"醒醒，醒醒！"。如果没醒就呼叫 120 求助，这就是第二个"叫"，求助时要告知地理位置和患者的情况。"看"就是看肚子那块有没有上下起伏，如果有就表示有呼吸，如果没有就要检查有没有心跳。"摸"就是摸脖子左右两侧凹进去的地方，也就是颈动脉，用手指感觉一下有没有脉搏跳动。如果 5 到 10 秒钟都没有摸到脉搏，就要进行心脏按压。最后，"30 比 2"。这个步骤有两个很重要的动作：按压和吹气。按压时左手掌放在患者的胸骨下半段，右手指插进左手指缝后用两掌合力进行按压，深度在 5 厘米到 6 厘米之间，不能超过 6 厘米。按压 30 次后，右手放在患者的额头上稍微用力向后压，左手向上向前抬起患者下巴，让患者的气道打开。右手用两根手指捏住患者的鼻子，然后嘴巴对嘴巴给患者吹气。吹气两次后再进行 30 次按压，一直循环 30 比 2 的按压和吹气，整个过程一般需要半小时左右，直到救护车和 120 急救人员到达现场。在患者送到医院进行抢救前，现场进行心肺复苏术，是在挽救生命的最重要阶段对患者采取的最基础的生命支持，而又无需任何设备，所有人都可以很容易学会。这个暑假我有幸参加了荒野求生活动，学会了心肺复苏术，以后当需要时我会毫不犹豫地利用心肺复苏术帮助他人，我认为人人都应该学会它。

医学专业评语

郭树章

新疆军区总医院骨科副主任，主任医师，教授，硕导，博士后。中国健康管理协会科普专业委员会常委，中国抗骨质疏松联盟医学传播分会副会长。

现场心肺复苏对挽救生命至关重要，每个人都应该掌握心肺复苏术，正确的心肺复苏操作可有效地提高抢救成功率。作者总结的口诀简单易记，在保证“环境安全”的前提下施救是非常必要的。“叫叫看摸”形象易学，“30 比 2”的按压与吹气比例，按压深度均表述得很准确，便于大众掌握。这是一篇很好的科普文章。

科普写作评语

薄禄龙

能将心肺复苏术描述清楚，这本身就值得鼓励和表扬。文中医学术语较多，作者能恰到好处地进行分类，并逐一进行解释。写作的过程，便是大脑在学习后的再现过程。这篇作文是一篇心肺复苏术的说明文，进行完整的描述，确是一篇很好的科普文章，而引申的宗旨是救人当先，值得称道。

我是小小白衣天使

上海市教育科学研究院实验小学　邱婧怡

四年级的寒假是最开心的一次假期。因为我在妈妈单位感受了一回“酸甜苦辣咸”。那一天，早上8:00到达妈妈的医院——复旦儿科医院，参加“小小观察员”活动。我们先来到会议大厅，开始听讲这次活动的来龙去脉。在老师的安排下，我作为一名志愿者，穿上红色马甲来到门诊，当一名小小白衣天使。大厅里人山人海，无数寻医问题向我“砸”来。在一大堆的任务中令我印象最深刻的是——“提看法”，我提了2点：a.在有的时候，是会有很小的婴儿来医院，有时婴儿会闹，然后家长就会去泡奶粉，但是泡奶粉的水都是热的，小婴儿喝不下就还会闹，即使小婴儿很饿也不能喝奶，只能饿着。等到奶粉能喝了，小婴儿也已经去看病了，也喝不到。b.挂号时间太长，所以我建议在网上开一个页面，叫“小小挂号员”，上面一定要写得很精细，如：姓名、身份证、病因、病历、看病时间。之后再根据一系列的问题搭配合适的医生。这样一来到医院就可以直接找到医生。我觉得这样医生和家长都可以节省一点时间。

一天的任务已经快要结束了，结束之前护工姐姐给了我们一张小小问题单。上面一共有5题。令我记忆犹新的是："你身边有没有'健康人物'？"我的回答是：有。是我的妈妈，因为我的妈妈是一位护士，她不怕苦，不怕累，一直在帮助一些需要帮助的小朋友，使快要"死亡"的小朋友起死回生。经过今天的经历我知道了，人的生命只有一次，不会死而复生，所以我们一定要爱护好、保护好生命。

医学专业评语

郭树章

在医患关系非常紧张的今天，很多人对医疗行业不甚了解，甚至存在误解。当然医院也有很多做得不到位的地方。作者以"小小观察员"在身份，在医院里发现泡奶粉时水温的问题、挂号时间太长等问题并提出了相应的合理化建议，通过观察也充分了解医护人员的辛苦与伟大，体会到了生命的可贵。只有医患双方互相理解，互相不断改进才能实现医患和谐。

科普写作评语

薄禄龙

通过实地探访医院，作者变身为一名志愿者，成为小小白衣天使。令我感动的是，作者用细腻地笔触，将眼中所观察到的现象一一记录，既还原了就医现场的困难，提出了自己的建议，也让自己收获了感动。最难能可贵的是文末的那句"我们一定要爱护好保护好生命"。

关爱健康

田林第三小学　李昊鹏

夏日炎炎，很多人都有吃冰激凌、喝冰饮料的习惯，但是几乎没有人想过“这样吃，对身体有没有影响呢？”先让我给你们讲个发生在我身上的小故事。记得那年夏天，我随爸爸妈妈来到北海边玩，正式开启了“家庭旅游模式”。我来到沙滩上玩耍，这时远处飘来一阵香味，我一闻，是炒鱿鱼的味道，就急忙跑过去，正巧我是第一个顾客，便享受到了优惠：送冰奶茶一杯。我简直开心死了。我一边吃炒鱿鱼一边喝奶茶，走着走着，我眼前一亮，前面是：吃西瓜比赛。我赶紧把鱿鱼和奶茶“干掉”，连跑带跳地奔了过去，报名参加了比赛。比赛开始了，我平常吃西瓜速度很快，所以比赛开始不到三分钟我就把西瓜吃完了，大家都给了我“大胃王”的称号。回到酒店，我的肚子突然痛了起来，结果我拉肚子了。后来，我把这件事告诉了妈妈，妈妈对我说：“儿子，这是因为你吃了炒鱿鱼、冰西瓜，又喝了冰奶茶，你的肠胃消化不了，这才拉了肚子。”这下你们明白了吧，经常吃、喝冰的东西对胃是有伤害的，轻则胃寒、胃痛，严重的还要做手术。所以，让我们放下手中的冰激凌、冰西瓜、冰饮料，做好对健康问题的预防，一起行动、一起努力吧！

医学专业评语

朱珍妮　上海市疾控中心危害监控所副所长，中国疾控中心博士研究生，中国骨质疏松防治联盟医学传播分会科普演讲专委会主委。

该文章以叙述故事情节发展为主，希望大家能从作者本人经历的事情中更直观地吸取经验教训，说明为了味觉上的享受而多喝冰饮容易“乐极生悲”——拉肚子，简单而直接。但从原理阐述的角度上稍有欠缺，没有深入讲明为什么会消化不了。另外，拉肚子可能不仅仅是由于喝太多冰饮导致的，与吃太多炒鱿鱼可能也有关系。

科普写作评语

薄禄龙　注重场景描写，以事件为主体，是小学生作文的常见模式。本文便是作者亲身经历后的感受，读来真实生动。在生活中挖掘写作素材，用文字加以记录，揭示科学道理，是科普写作的源头活水。

炎炎夏日莫贪凉
——过量冷饮伤脾胃

建襄小学 顾嘉铭

奥数暑假班的上课时间刚好是烈日炎炎的下午，上完课回到家，大汗淋漓的我第一时间就是打开冰箱拿冰镇饮料喝，然而妈妈赶忙阻止了我。见我一脸疑惑加不高兴，妈妈告诉我说："小孩儿的胃肠道功能尚未发育健全，黏膜血管以及有关器官对冷饮的刺激不能适应，因而过多食用冷饮，会引起腹泻、腹痛、咽痛以及咳嗽等症状，甚至还会诱发扁桃体炎等。从中医角度来说，小儿属稚阴稚阳之体，过量食用冷饮更易伤脾胃，从而影响身体发育。"见我有些明白了，妈妈又继续说："喝冷饮时很多人喜欢一饮而尽，这样也是不好的。因为一下子饮用过多，会冲淡胃液，影响消化，另外还会刺激肠道，使得蠕动亢进，缩短食物在小肠内停留的时间，影响人体对食物中营养成分的吸收。"原来还有这么多的学问呢！小伙伴们，炎炎夏日莫贪凉哦！

医学专业评语

朱珍妮

这篇文章的题目朗朗上口，令人记忆深刻。内容则以妈妈跟自己讲道理为主线，从中西医两个角度出发，将喝冷饮的危害及其原理说得比较透彻，同时提醒大家注意不要将冷饮一饮而尽，也从侧面展现出作者妈妈对相关知识了解甚多。

科普写作评语

薄禄龙

这是一篇短小精悍的科普文章，开篇便是十分生动的生活化场景，却被妈妈赶忙阻止。这到底是为什么？随后的科普解释过程里，妈妈细致又全面地讲解了在夏天为何不能贪图一时凉，速喝冷饮的道理。

“生病”的水果，你还在吃吗？

高安路第一小学　孙悦樟

春天带着嫩绿色匆匆离去，迎来的是火热而又青翠的夏天。说到夏天这个季节，想必在广大吃货朋友们的脑海里会呈现出这几幅画面：硕大而又鲜绿的西瓜，“咔嚓”一声被切成两半；酸甜可口的水蜜桃和黄桃扑面而来；颜色各异的苹果在眼前摇晃……在夏天这个无比炎热的季节，大自然为我们精心准备了各种多汁的水果，让我们打心底里爱上了夏天。都说哪里有太阳，哪里就有阴影。在美味又多汁的水果背后，往往暗伏着凶神恶煞般的微生物，其中的代表就是展青霉素，它可以对细胞的生长和代谢产生影响，甚至可能致癌！它们等待时机，一旦“讨它们喜欢”的水果如桃子、橘子、草莓、杨梅、猕猴桃、牛油果、李子、杏子等成熟后，就偷偷“率领大军”驻扎进水果里，大肆破坏，“烧杀抢夺”。当人们准备吃这个水果的时候，就能看到那些令人反胃的黑棕色物质，有时整个水果都起了绿颜色的毛。可是有些时候，水果刚刚开始腐坏时，许多人见水果表面仅有一小部分腐坏了，其余部分还挺好的，觉得就这么扔掉非常可惜，便用小刀挖去一小部分凑合着吃了。我本来吃东西也没那么讲究，既然那些水果仅有一小部分腐坏，那我就把其余部分吃个精光喽。一天，我浏览健康安全知识网站时，看到一条小知识，直接被吓住了。原来这种吃法是完全错误的。尽管水果剩下的部分并未腐烂，可其中大部分果肉也已被微生物代谢过程中产生的有害物质侵蚀，部分真菌还会产生有毒物质，食用这样的水果，有可能导致癌症的发生。从此以后，就连我在夏天爱不释手的水蜜桃，一旦有一小部分腐坏，也会被我“遗弃”。所以呀，健康永远是排在第一位的，如果贪图享受水果而害及自身健康，就只能是“搬起石头砸自己的脚”了。最后，希望大家在炎热的夏季，既能体验到水果的甜美，又能保持自己身体的健康，快快乐乐过暑假！

医学专业评语

吴　蔚　　上海市第六人民医院急诊医学科副主任医师，中国医师协会急救复苏专委会应急救援医联体学组委员，中国医师协会医学科普分会医学传播工作指导委员会委员。

这篇科普文章对于现实生活中的一种常见现象进行解读。夏季天气炎热，水果品种丰富，大家都爱吃水果，作者结合自己生活中的实际情况向读者介绍水果受到病菌侵蚀造成的影响，强调了水果霉变后不能食用。希望通过作者的介绍让大家也能注意这些科普知识。

科普写作评语

薄禄龙

标题新颖，将腐烂或霉变的水果比作“生病”，让读者带着兴趣来阅读。作者对水果腐坏过程的描述驾轻就熟，采用拟人化的写法，如“等待时机”“偷偷‘率领大军’”等，生动表现了这一过程，显示了较高的文字水平，令读者在脑海中有画面感，读来忍俊不禁。同时让读者特别引起重视的是：“健康永远是排在第一位的”理念。

未来的健康中国

康宁科技实验小学　赵璟晨

“日出而作日落而息”“鸟语花香荷塘月色”，这是自古以来对美好生活的描绘。而随着医学的进步和医疗水平的不断提高，未来健康中国应该是高科技，高效严密的关爱体系。我觉得最好的未来健康中国，是让每个人都能随时进行体检，做到提前预防，不用排队；是看得起病，随着家庭医生的普及，能充分享受到这种医疗福利。同时小朋友能有便捷开心、放心玩耍的游乐场、青少年有社区开放的各种运动场馆，还有专门针对老人们建造的锻炼、学习等文化场所。健康中国，不仅仅要体现在医疗水平的提高和普及惠民上，更要体现一种人文的关爱和关怀。作为我们少先队员，一定要坚持和发扬尊老爱幼，关心同学和家长，尤其是关爱家里的老人们，做他们的“开心果”和“小棉袄”，为家庭的生活乐趣贡献自己的一份力量！

医学专业评语

吴　蔚

本篇科普文章很短，但作者对健康生活的设想言简意赅。健康生活是种朴素，容易达成的设想，同时作者强调了预防保健的重要，提出医疗资源的合理分配，并倡导人文关怀，这也是我们当今社会工作者和医务工作者正在尝试的方式。希望有更多的同学对我们未来的健康中国提出建设性建议。

科普写作评语

薄禄龙

本文起始以他引句子入手，让人畅想未来健康中国的美丽模样。作者采取总分的写法，首先畅想整个医疗卫生体系的样貌，随后分层次对小朋友、青少年和老人的健康，逐一进行了描述。文章最后立足自身，描述了如何将畅想化为具体行动也颇具新意。

健康常识一则

虹桥路小学　刘雨宸

今天我在书上看到一个健康常识：跑完步后不能立刻蹲下或坐下。这是为什么呢？于是我去网上查了查。原来之所以跑完步不能坐下，是因为：在经过剧烈的运动后，心跳加速，心血管机能获得加强，以适应人体在跑步中的需要。运动时骨骼肌节律性收缩，对血管产生挤压作用，促进静脉血回流，如果立刻坐下或蹲下会导致大脑供血不足，从而脸色发白、头昏眼花、甚至呕吐、晕倒。所以每次结束运动之后要调整呼吸节奏、做低消耗的一些活动，如慢走、进行几节放松体操，或简单深呼吸，让四肢血液回流心脏，还要补水，让我们的身体更健康！

医学专业评语

秦海军

上海市第六人民医院急诊医学科副主任医师，中国医师协会急救复苏专业委员会青年委员，上海市中医药学会急诊医学分会委员。

作者讲述了一个非常容易犯错的运动健康知识，并且进一步刨根问底的究其道理，自问自答。告诫读者剧烈运动后不能立刻蹲下或坐下休息，并进一步解析原因，强调剧烈运动后要调整呼吸节奏，做低消耗的一些活动。让读者从中学到健康常识。

科普写作评语

薄禄龙

从问题入手，是科普写作常用的一种方法。本文开篇的发问，就是如此。随后的科学解释，能环环相扣，较有条理地解释了跑步后立刻蹲下为何会头晕眼花。文章的最后，给出激烈运动后的建议。本文篇幅虽短，但能解释清楚一个健康问题，已是难能可贵。

健康之路

虹桥路小学　陈子鋆

健康是一缕和煦明媚的阳光，温暖心扉；健康是一阵芬芳扑鼻的花香，沁人心肺；健康是一条潺潺流淌的小溪，叮咚作响…有人说：平安是福，健康是本。健康对我们每个人来说，都是一笔珍贵的财富。那么，我们如何才能保持健康呢？

首先，我们要保持适量的运动，如每天保证自己运动一个小时。然后，我们要保证自己健康的饮食，如多吃蔬菜，不挑食，营养要均衡，按时按量进餐等。最后，我们还要保持快乐的心情，和同学们和睦相处，不要斤斤计较。

陶行知校长曾说："健康是生命之本，有了健康的身体，我们才有本钱去寻找幸福，实现崇高的理想。"作为祖国的花朵，我们一定要养成良好的运动和饮食习惯，并且保持每天好心情，健康生活、茁壮成长，将来成为祖国的栋梁之才！

医学专业评语

秦海军

作者以健康的重要性开篇，讲述了健康的三要素：运动、饮食、心情。健康是本，是每个人珍贵的财富。有了健康的身体，才能去努力实现理想，成为祖国的栋梁之才。健康三要素具有着普遍的启迪作用。

科普写作评语

薄禄龙

优美的文笔、舒缓的排比，让读者对“健康之路”充满了遐想。作者善于使用比喻，还能引述名句。行文字数不多，但道出了自己对于健康的心声。通过“首先”“然后”“最后”，分层次描述如何保持健康。最后，落脚于自身的健康和茁壮成长上，令人鼓舞。

附　录

《中国青少年健康教育核心信息及释义（2018版）》发布

发布时间：2018-09-26　来源：中国教育在线

国家卫生健康委员会于2018年9月25日上午10:00在委机关2号楼新闻发布厅召开例行新闻发布会，介绍了青少年健康相关的工作情况，同时发布了《中国青少年健康教育核心信息及释义（2018版）》并进行了解读。根据国家卫生健康委员会要求，中国健康教育中心在已有研究的基础上，组织专家分析了当前我国青少年主要健康问题和影响因素，研究制订了《中国青少年健康教育核心信息及释义（2018版）》，作为青少年健康教育材料。

中国青少年健康教育核心信息（2018版）

一、养成健康文明的生活方式，可有效预防绝大多数青少年期健康问题，促进青少年健康成长。

二、合理用眼、注意用眼卫生，可有效预防近视。当怀疑近视时，及时到眼科医疗机构检查，遵从医嘱进行科学的干预或近视矫治。

三、保持健康体重的关键是合理膳食和科学运动。超重、肥胖和盲目减轻体重都不利于健康。

四、肺结核是常见的慢性呼吸道传染病，易在聚集性群体中传播。出现咳嗽、咳痰 2 周以上等症状，须及时就诊。学生应主动向学校报告。

五、烟草严重危害身体健康。要抵制烟草诱惑，拒吸二手烟，远离烟草危害。

六、增强自身安全防范意识，掌握伤害防范的科学知识与技能，可有效预防交通伤害、暴力伤害、溺水等发生。

七、掌握正确的生殖与性健康知识，避免过早发生性行为，预防艾滋病等性传播疾病。

八、毒品严重危害身体健康安全，并具有很强的成瘾性，一旦沾染毒品很难彻底戒除。不应以任何理由尝试毒品。

九、掌握科学的应对方法，保持积极向上健康心理状态，积极参加文体活动和社会实践，有问题及时求助，可减少焦虑、抑郁等心理问题和网络成瘾等行为问题。

中国青少年健康教育核心信息释义(2018版)

一、养成健康文明的生活方式，可有效预防绝大多数青少年期健康问题，促进青少年健康成长。

(一)养成健康文明的生活方式，可有效防范近视、超重与肥胖、伤害、网络成瘾等常见健康问题，降低肺结核、流感等疾病传染病威胁，避免烟草、毒品使用、过早性行为和不安全性行为等严重危害青少年健康的问题出现。同时，可使青少年受益终身。

（二）青少年健康文明的生活方式包括：合理膳食、科学运动、不吸烟、不饮酒、讲究个人卫生、保证充足睡眠、保持积极向上健康心理状态等。

（三）青少年生长发育迅速，对能量和营养的需求相对较高。合理膳食、均衡营养是智力和体格正常发育，乃至一生健康的保障。建议青少年：

1. 了解和认识食物及其在维护健康、预防疾病中的作用，学会选择食物和合理搭配食物的生活技能。

2. 保证一日三餐，定时定量，进餐速度不宜过快。每天吃早餐，保证三餐营养充足、均衡，量适宜。

3. 食物多样，争取做到餐餐有谷类、顿顿有蔬菜、天天吃水果，适量摄入鱼禽肉蛋。保证每天摄入 300 克奶或奶制品，常吃豆制品。

4. 合理选择零食，在两餐之间可选择适量水果、坚果或酸奶等食物作为零食。

5. 足量饮水，首选白开水，少喝或不喝含糖饮料。

6. 不偏食节食，不暴饮暴食。少吃油炸食品和高脂肪食物。

7. 饮食要清淡，少吃腌制和熏制食品。

（四）科学运动可以强身健体，促进心理健康。建议青少年：

1. 保证充足的体育活动，减少久坐和视屏（观看电视、电脑，使用手机等）时间。课间休息，要离开座位适量活动。

2. 运动方式要多样化，应包括适当的有氧运动、抗阻运动、柔韧性训练等。

3. 每天累计至少 1 小时中等强度及以上的运动（以运动过程中呼吸急促，心率加快，感觉不能轻松讲话为度），培养终身运动的习惯。

4. 运动要循序渐进，运动量不宜过大。运动前要先热身，运动后要会放松，运动和休息交替进行。

5. 运动过程中要注意防止运动损伤，科学选用合适的运动护具（如头盔、护膝等）。

6. 科学运动可有效预防近视、肥胖、脊柱侧弯等健康问题。

（五）科学用耳、注意保护听力。建议青少年：

1. 养成安全聆听习惯。例如：控制个人音频设备的使用频度、强度和时长。单次使用时间不宜超过 60 分钟，避免在较为嘈杂的环境中长时间使用个人音频设备；减少噪声接触、特别是娱乐性噪声接触；预防麻疹、腮腺炎、风疹、脑膜炎以及反复发作的耳部感染等疾病导致听力下降或减退；了解掌握常见的耳毒性药物，提高安全用药的意识。

2. 当发现单耳聆听或者出现需要他人提高音量才能听清、费力倾听方可了解交谈内容以及在嘈杂环境中聆听困难等情况时，及时告知家长，尽早就医。

3. 听力障碍青少年应遵从医嘱进行科学的治疗、干预和康复。

（六）早晚刷牙、饭后漱口，是保持口腔健康、有效预防龋齿的最好方法。建议青少年：

1. 早晨起床后和晚上睡觉前要刷牙，饭后 3 分钟内漱口。

2. 采用正确的刷牙方法，可清除牙龈边缘和牙缝处的菌斑。每次刷牙不少于 2 分钟。

3. 减少吃糖的次数，少喝碳酸饮料，可降低发生龋齿的风险。

（七）保证充足的睡眠，有助于青少年的身心健康。一般来讲，小学生每天 10 小时、初中生 9 小时、高中生 8 小时。

二、合理用眼、注意用眼卫生，可有效预防近视。当怀疑近视时，及时到眼科医疗机构检查，遵从医嘱进行科学的干预或近视矫治。

（一）近视是青少年一种常见的眼疾，表现为视远模糊、眯眼、眼睛干涩酸痛的视疲劳症状。高度近视的眼轴过长，会导致眼球突出以及高度近视眼底改变，给生活学习带来不良影响。

（二）不良的视觉环境及行为是近视高发的主要影响因素，青少年要强化眼健康意识，主动学习掌握科学用眼护眼等健康知识，养成健康用眼习惯。

1. 读写要在采光良好、照明充足的环境中进行。白天学习时，充分利用自然光线照明，避免光线直射在桌面上。晚上学习时，同时打开台灯和房间大灯。

2. 选用利于视力健康的照明设备，避免眩光和视疲劳等。写字时，注意光源的照射方向，避免手影遮住光线。

3. 选择使用与自己身高相匹配的学习桌椅，避免被动养成不良阅读和书写习惯。

4. 保持正确读写姿势。握笔的指尖离笔尖一寸、胸部离桌子一拳，书本离眼一尺，保持读写坐姿端正。

5. 读写连续用眼时间不宜超过 40 分钟，每 40 分钟左右，要休息 10 分钟，可远眺或做眼保健操等。

6. 积极进行户外活动或体育锻炼，每天接触自然光的时间达到 60 分钟以上，已患近视的青少年应进一步增加户外活动时间，延缓近视发展。

7. 控制电子产品使用，非学习目的的使用单次不宜超过 15 分钟，每天累计不宜超过 1 小时。使用电子产品学习 30—40 分钟后，休息远眺放松 10 分钟。连续使用电子产品的时间越短越好。

8. 保证充足的睡眠，多吃鱼类、水果、绿色蔬菜等有益于视力健康的营养膳食，少吃糖、不挑食、营养均衡。

9. 避免不良用眼行为，不在走路、吃饭时、躺卧、晃动的车厢内、光线暗弱或阳光直射下看书或电子产品。

（三）当出现需要坐到课堂前排才能看清黑板、看电视时凑近屏幕、眯眼、抱怨头痛或眼睛疲劳、经常揉眼睛等迹象时，及时告知家长，尽早就医。

（四）散瞳验光是国际公认的诊断近视的金标准。建议通过散瞳验光确定准确的配镜度数，佩戴合适的眼镜来进行视力矫正。目前，框架眼镜是最安全简单的矫正措施。不戴近视眼镜或故意矫正不足会加快近视的发展。

（五）近视青少年应遵从医嘱进行随诊，以便及时调整采用适宜的预防和治疗措施。

三、保持健康体重的关键是合理膳食和科学运动。超重、肥胖和盲目减轻体重都不利于健康。

（一）超重、肥胖危害青少年的呼吸系统及骨骼，甚至对其心理、行为、认知及智力产生不良影响。青少年时期超重、肥胖更容易延续至成年期，增加成年后患高血压、糖尿病、高甘油三酯血症、代谢综合征等慢性疾病的发生风险。

（二）青少年参加体检，监测身高、体重等生长发育指标，及早发现、科学判断是否出现超重、肥胖等健康问题。

（三）积极、主动、科学地安排膳食与运动，是超重、肥胖青少年控制体重增长的主要措施。

1. 限制高能量食物摄入，如油炸食品、肥肉、糖果、蜜饯、奶油制品和含糖饮料，以及西式快餐等。

2. 多选择新鲜蔬菜、水果和鱼、虾、牛肉、禽类、肝、蛋、奶及豆制品，饮用白开水或不添加糖的鲜果蔬汁。

3. 避免盲目节食、禁食，切不可盲目服用减肥药品。

4. 密切控制每日能量摄入，并监测体重变化。

5. 在合理膳食的基础上辅以科学运动是控制体重的基本方法，可在专业人士的指导下制订科学的运动计划，循序渐进，逐步增加运动频率和强度，养成运动习惯。

四、肺结核是常见的慢性呼吸道传染病，易在聚集性群体中传播。出现咳嗽、咳痰 2 周以上等症状，须及时就诊。学生应主动向学校报告。

（一）肺结核是严重危害身体健康的慢性传染病。

（二）肺结核主要通过病人咳嗽、打喷嚏、大声说话等产生的飞沫传播，人人都有可能被感染。

（三）咳嗽、咳痰 2 周以上，应警惕得了肺结核，要及时就诊。

（四）规范全程治疗，绝大多数患者可以治愈，还可避免传染他人。

（五）学生出现肺结核可疑症状或被诊断为肺结核后，应当主动向学校报告，不隐瞒病情、不带病上课。

（六）不随地吐痰，咳嗽、打喷嚏时掩口鼻，戴口罩可以减少肺结核的传播。

（七）养成勤开窗通风的习惯。

（八）保证充足的睡眠，合理膳食，加强体育锻炼，提高抵御疾病的能力。

五、烟草严重危害身体健康。要抵制烟草诱惑，拒吸二手烟，远离烟草危害。

（一）烟草对青少年身体健康有极大的危害。

1. 吸烟和二手烟暴露可导致多种恶性肿瘤、冠心病、脑卒中及慢性阻塞性肺疾病（慢阻肺）等多种疾病的发生，并可增加呼吸道感染的风险。吸烟者的平均寿命比不吸烟者缩短至少10年。

2. 青少年吸烟和二手烟暴露还可导致哮喘、肺功能下降、急性中耳炎、复发性中耳炎及慢性中耳积液等疾病。

3. 烟草制品中的尼古丁是高度致瘾物质，可导致尼古丁成瘾，青少年大脑功能尚未发育成熟，更容易成瘾且难以戒断。尝试吸烟的年龄越小，成为固定烟草使用者的可能性越大，戒烟的可能性越小。

4. 不存在无害的烟草制品，只要吸烟即有害健康。“低焦油卷烟”、“中草药卷烟”不能降低吸烟带来的危害。

（二）青少年要抵制烟草诱惑，拒吸二手烟。

1. 充分意识到烟草和尼古丁成瘾的危害，了解、掌握控烟知识，抵制烟草诱惑，拒吸第一口烟。

2. 积极参与控烟宣传，鼓励他人戒烟，勇敢向二手烟说“不”。

3. 积极参与家庭控烟宣教，推动无烟家庭建设。

（三）戒烟是降低吸烟危害的唯一方法，戒烟越早越好。任何年龄戒烟均可获益。

（四）吸烟者戒烟困难可寻求戒烟帮助，拨打12320卫生热线或4008085531、4008885531等戒烟服务热线。必要时可到戒烟门诊接受专业的戒烟治疗。

六、增强自身安全防范意识，掌握伤害防范的科学知识与技能，可有效预防交通伤害、暴力伤害、溺水等发生。

（一）青少年主要的伤害包括道路交通伤害、暴力伤害、溺水、食物中毒和动物咬伤。采取有针对性的预防策略和措施，可以减少伤害的发生。

（二）出行严格遵守交通法规。行走、骑行、驾驶时不使用手机等电子设备。驾车或乘车时系安全带。骑行时选择并正确佩戴大小合适的合格头盔。行走或骑行机动车时佩戴醒目标识，如有反光材质的服装、帽子、书包等，可减少事故发生。

（三）暴力伤害给青少年的身体、心理健康及社交会造成严重而持续的影响。

1. 青少年暴力伤害包括打架斗殴、校园欺凌、武器威胁等暴力引起的身心伤害。

2. 青少年要树立正确的人生观，培养乐观、开朗、豁达的生活态度，建立良好的人际关系，积极参加有益的社会活动；不要拉帮结派，盲目效仿一些电影、电视中的暴力场面；学会沟通和控制情绪的技巧，避免过激行为。

3. 如发生或发现暴力伤害，应及时向老师或家长报告，必要时可呼救、拨打 110 报警电话。

（四）在正规游泳场所游泳，学习游泳自救常识，不到池塘、河流、湖泊、水库等开放性水域游泳、戏水，防范溺水发生。发现有人溺水时，应大声呼救，拨打急救电话，并在保证自身安全的前提下，积极施救。如不具备救助能力，不要贸然下水救人。

（五）注意饮食卫生，预防食物中毒。

1. 青少年常因误食药物、家用化工产品、野果，被细菌、真菌毒素污染的食物而出现食物中毒。

2. 不同食物中毒的表现有较大差异，最常见的中毒反应是恶心、呕吐、腹痛、腹泻等，还可出现心脏、肝脏、肾脏及神经系统损伤等症状。

3. 养成良好卫生习惯，提高预防食物中毒的基本能力。不购买、不食用变质或过期食品，不采食野果。规范使用药物、杀虫剂、消毒剂等。

4. 一旦出现进食后不适，应立即拨打中毒咨询电话 010-83132345，按建议采取措施或紧急到附近医院就诊。就诊时要携带引起中毒的可疑食物或其包装。

（六）被犬、猫等动物咬伤、抓伤，应及时接种狂犬病疫苗。

1. 狂犬病是由狂犬病病毒感染引起的一种动物源性传染病，是目前世界上病死率最高的传染病，尚无有效治疗手段。

2. 一旦被狂犬或疑似狂犬和不能确定健康的犬、猫等动物抓伤、咬伤或舔舐黏膜，应立即用肥皂水充分冲洗伤口，并尽快到就近的狂犬病暴露预防处置门诊，严格按照规范接种疫苗。

3. 如养犬、猫，要为犬、猫接种兽用狂犬病疫苗。带犬外出时，一定要使用犬链，或给犬戴上笼嘴，防止咬伤他人。

七、掌握正确的生殖与性健康知识，避免过早发生性行为，预防艾滋病等性传播疾病。

（一）接受和参与全面性教育，可提升青少年对性与生殖健康的认知水平，提升保护自身、尊重他人身心健康的责任意识。

（二）了解同性和异性生殖器官的构造、特点和相关功能。

（三）了解青春期第二性征的发育，女性月经的发生特点，男性的勃起和遗精等知识。

1. 男性第二性征包括胡须、腋毛、阴毛，喉结和变声。女性的第二性征包括乳房发育、阴毛、腋毛，其中乳房发育是首先出现的第二性征。

2. 女性月经初潮是青春期的重要标志。月经初潮后，发生经量过多、痛经、周期不规律是常见现象，一般需要 2 年左右的时间才能形成规律的月经。

3. 遗精是在无性交活动的情况下发生的射精。青春期男性均会出现，每月 1–2 次遗精是正常现象。

（四）青少年性生理发育带来心理变化，对异性产生爱慕感，需要理智客观地认识自我和他人，树立正确恋爱观，认识到恋爱、婚姻与身心成长、成熟程度密切相关。

（五）养成并保持良好的卫生习惯。例如：保持外阴卫生，提倡每天清洗外阴；避免穿着紧身裤，应选择柔软舒适、透气性好、易于吸汗的棉质内裤等。

（六）过早发生性行为、早孕或人工流产，会对青少年身心造成极大伤害。不安全性行为可带来艾滋病、梅毒、淋病等性传播疾病的感染。青少年要避免过早发生性行为，拒绝性骚扰、性诱惑和性暴力。

八、毒品严重危害身体健康安全，并具有很强的成瘾性，一旦沾染毒品很难彻底戒除。不应以任何理由尝试毒品。

（一）毒品（包括新型毒品和传统毒品）具有很强的危害性，新型毒品对青少年具有更大的欺骗性。

1. 新型毒品又称“聚会毒品”或“俱乐部毒品”，主要指那些化学合成的兴奋剂和致幻剂类毒品，如冰毒、麻古、摇头丸、K 粉等。

2. 新型毒品一般被五颜六色的外包装所伪装，让青少年误以为是时髦、流行和安全的，吸引青少年不知不觉尝试吸毒而成瘾。

3. 新型毒品直接损害大脑细胞，对人的神经和精神系统造成长期、永久的伤害，并导致心律失常、心血管功能受损，甚至猝死。

4. 传统毒品包括鸦片、吗啡、海洛因等，主要破坏人的免疫功能，损害心、肝、肾等脏器，过量使用导致呼吸衰竭而亡。

（二）毒瘾很难戒除，青少年不应以任何理由尝试毒品。

1. 不要因猎奇、从众、追求个性、消愁解闷等尝试毒品。

2. 不要效仿影视作品中的吸毒者，吸毒绝不是时尚和身份的象征。

3. 不要对任何毒品抱有侥幸心理。凡是毒品都极易成瘾，一旦成瘾很难戒除。

4. 不要接受陌生人馈赠的香烟、饮料和食品等。不要结交有吸毒、贩毒行为的人。

九、掌握科学的应对方法，保持积极向上健康心理状态，积极参加文体活动和社会实践，有问题及时求助，可减少焦虑、抑郁等心理问题和网络成瘾等行为问题。

（一）青少年处于身心发展的特殊时期，容易出现一些心理行为问题，如应对方式问题、情绪问题、行为问题等，严重者还会产生心理疾病。

（二）青少年要正确认识心理问题，保持积极向上的健康心理状态，热爱生活，珍爱生命。

1. 学会积极暗示，以乐观积极的心态对待困难。

2. 适当宣泄，有益于情绪舒缓。可以通过深呼吸或找朋友倾诉、写日记、画画、踢球等方式，将心中郁积的不良情绪如痛苦、委屈、愤怒等发泄出去。

3. 可通过转移注意，减少不良情绪对健康的损害。例如选择自己感兴趣的事情（读书、运动等），使心情慢慢好起来。

4. 充分沟通，可利用面对面、书面或网络等形式开诚布公地说出自己的真实感受，以及对方带给自己的伤害等，使自己放下思想包袱，释放不良情绪。

5. 寻求专业帮助，不讳疾忌医。可向亲人、朋友、老师寻求帮助，还可主动去做心理辅导（心理咨询与治疗），获得专业的支持与帮助。

（三）以积极的心态面对互联网，合理、安全使用网络，增强对互联网信息的辨别力，抵制网络成瘾。

1. 网络成瘾，是指在无成瘾物质作用下对互联网使用冲动的失控行为，表现为过度使用互联网后导致明显的学业、职业和社会功能的损伤。诊断网络成瘾障碍，持续时间是一个重要标准，一般情况下相关行为至少持续 12 个月才能确诊。

2. 网络成瘾包括网络游戏成瘾、网络色情成瘾、信息收集成瘾、网络关系成瘾、网络赌博成瘾、网络购物成瘾等，其中网络游戏成瘾最为常见。

3. 网络成瘾严重危害青少年身心健康，且会对家庭和社会造成危害。

4. 青少年要正确认识网络，正确认识和评价自己。树理想，立长志，把注意力放在学习上。当出现沉迷网络的念头时，反复暗示自己“我一定能行”“我一定能戒除”的信念。当抵制住了网络诱惑时，进行自我鼓励，加强信念。还可将网络的危害和戒除网瘾的决心写下来，提醒自己转移对网络的注意力；可加入社团，积极参与自己感兴趣的活动，融入现实世界的人际交往中。

5. 青少年使用互联网时注意保护个人信息安全和个人隐私，防范互联网使用不当引发的身心伤害。